Thomas von Aquin
Glaube, Liebe, Hoffnung

Thomas von Aquin

Glaube, Liebe, Hoffnung

Herausgegeben und übersetzt von
Matthias Hackemann

ANACONDA

Die Deutsche Nationalbibliothek verzeichnet diese Publikation in der Deutschen Nationalbibliografie; detaillierte bibliografische Daten sind im Internet unter http://dnb.d-nb.de abrufbar.

Umschlaggestaltung: Druckfrei. Dagmar Herrmann, Bad Honnef
Satz: InterMedia – Lemke e. K., Heiligenhaus
Printed in Germany 2019
ISBN 978-3-7306-0811-1
www.anacondaverlag.de
info@anacondaverlag.de

INHALT

GRUNDLAGEN

EINLEITUNG

Ein kleiner Irrtum zu Beginn ist ein großer am Ende, sagt Aristoteles in *De caelo* 1. »Sein« und »Wesen« aber sind das, was mit dem Verstand zuerst erfasst wird, wie Avicenna am Anfang seiner *Metaphysik* vermerkt. Damit die Unkenntnis dieser Begriffe nicht zu Irrtümern führt, ist es deshalb erforderlich, ihren schwierigen Bedeutungsgehalt zugänglich zu machen und zu erläutern, was »Sein« und »Wesen« bezeichnen, wie beide auf verschiedenen Gebieten anzutreffen sind und wie sie sich zu den logischen Bedeutungen verhalten – nämlich zu »Gattung«, »Art« und »Differenz«.

BEGRIFFLICHKEITEN: »SEIN« UND »WESEN«

Man muss wissen, dass man in zweierlei Weise vom »Sein« spricht, wie Aristoteles in *Metaphysik* 5 festhält. Es gibt zum einen das Sein, das in zehn Gattungen unterteilt wird, und zum anderen eines, das die Wahrheit von Aussagen bezeichnet. Der Unterschied liegt darin, dass in zweiter Hinsicht all das »seiend« genannt werden kann, worüber sich eine bejahende Aussage aufstellen lässt, auch wenn es kein Vorhandensein beinhaltet. In dieser Weise heißen Privationen und Negationen »Seiendes«. Denn man sagt: »Die Bestätigung ist das Gegenteil der Verneinung« oder »Seine Augen sind blind«. Auf die erste Weise hingegen kann nur das als seiend bezeichnet werden, was eine vorhandene Realität angibt. In dieser zuerst genannten

Weise sind Blindheit und dergleichen daher nichts Seiendes.

Der Begriff des Wesens findet für Seiendes im zweiten Sinn keine Anwendung. Denn in dieser Weise heißt etliches »seiend«, das kein Wesen besitzt – das zeigen die Privationen. »Wesen« wird vielmehr für Seiendes in der zunächst genannten Bedeutung verwendet. Daher notiert der Kommentator zur oben genannten Stelle: Nach diesem ersten Verständnis »seiend« wird dasjenige genannt, »was das Wesen von etwas bezeichnet«.

Weil das in dieser ersten Weise Seiende wie gesagt in zehn Gattungen unterteilt ist, muss das Wesen etwas bezeichnen, was allen Naturen gemeinsam ist, durch die das unterschiedliche Seiende in verschiedene Gattungen und Arten eingeteilt wird – wie etwa die Menschennatur das Wesen des Menschen ist und so weiter in entsprechender Weise bei allem Übrigen.

Weil nun dasjenige, was eine Sache in deren jeweiliger Gattung oder Art ausmacht, dasjenige ist, was deren Definition bezeichnet, die das »Was« der Sache angibt, so ergibt sich daraus, dass die Philosophen die Begriffe »Wesen« und »Washeit« wechselweise verwenden. Aristoteles nennt es auch oft das »Das-was-es-war-Sein«, also die Identität, aus der heraus etwas sein »Was-Sein« besitzt. Man kann es auch »Form« nennen – infolge der Tatsache, dass die Form das Feststehende einer jeden Sache bezeichnet, wie Avicenna im 2. Buch seiner *Metaphysik* darlegt. Diese heißt mit anderem Namen auch »Natur«, wobei »Natur« in der ersten der vier Weisen aufzufassen ist, die Boethius in *Über die beiden Naturen* beschreibt: Danach wird all das »Natur« genannt, was »auf irgendeine Weise mit dem Verstand begriffen werden kann«. Und mit dem Verstand fassbar ist eine Sache nur durch ihre Definition und ihr Wesen. So sagt auch Aristoteles in *Metaphysik* 5, dass jede Substanz Natur ist.

Dabei scheint der Begriff der Natur, diesem Verständnis nach, das Wesen einer Sache insofern zu bezeichnen, als es eine Hinordnung auf die eigentümliche Tätigkeit einer Sache beinhaltet, denn keine Sache existiert ohne eine ihr eigentümliche Tätigkeit. Die »Washeit« hingegen wird dem entnommen, was mit der Definition bezeichnet ist. Der Begriff »Wesen« wird verwendet, insofern ein Seiendes durch es und in ihr das Sein besitzt.

Nun wird das absolute und vorzüglichere Sein von den Substanzen ausgesagt und das mindere von den Akzidenzien – letztere bestehen gewissermaßen nur in Beziehung auf etwas. Daher kommt das Wesen eigentlich und wahrhaft ausschließlich den Substanzen zu, den Akzidenzien dagegen nur gewissermaßen und bezogen auf etwas.

Von den Substanzen sind allerdings manche einfach und manche zusammengesetzt: Beide besitzen zwar Wesen, aber die einfachen auf wahrhaftere und vorzüglichere Weise, gemäß der Tatsache, dass sie auch ein vorzüglicheres Sein haben: Denn die einfachen Substanzen sind die Ursachen der zusammengesetzten Dinge – ganz besonders die erste einfache Substanz, nämlich Gott.

DIE URSACHEN

Alles, was einer Sache zukommt, hat seine Ursache entweder in den Grundlagen ihrer Natur, wie etwa das Lachen beim Menschen, oder es wird ihr durch irgendeine äußere Grundlage zuteil, so etwa das Licht in der Luft durch das Eindringen der Sonne. Aber das Sein an sich kann bei einer Sache nicht von deren Form oder Washeit selbst verursacht sein – im Sinne der bewirkenden Ursache –, weil dann ja etwas die Ursache seiner selbst wäre und sich selbst ins Sein befördern würde, doch das ist unmöglich. Also muss jede Sache, die so beschaffen ist, dass ihr Sein etwas anderes als ihre Natur ist, ihr Sein von etwas anderem haben. Und weil alles, was durch etwas anderes ist, auf das, was an sich ist, als zu seiner ersten Ursache zurückzuführen ist, muss es etwas geben, das für alles die Ursache des Seins ist, eben dadurch, dass es ausschließlich das Sein an sich ist. Andernfalls geriete man bezüglich der Ursachen ins Unendliche, weil jede Sache, die nicht nur Sein ist, eine Ursache ihres Seins hat.

Es ist demnach offenkundig, dass auch das Vernunftwesen aus Form und Sein besteht und dass es das Sein von einem ersten Seienden hat, das nur Sein ist. Und dies ist die erste Ursache, die Gott ist. Nun ist aber alles, was irgendetwas von etwas anderem empfangen kann, mit Blick auf dieses andere potenziell, und in dem konkret Empfangenen liegt seine Aktualität. Die Washeit oder Form, die das Vernunftwesen ist, muss also im Hinblick auf das Sein, das es von Gott empfängt, potenziell sein. Und dieses empfangene Sein hat die Art und Weise einer Aktualität.

Weil nun die Washeit der Vernunftwesen ebendieses Vernunftwesen selbst ist, ist seine Washeit oder sein Wesen ebendas, *was* es selbst ist, und sein von Gott empfangenes Sein ist das, *wodurch* es in der Welt besteht. Deswegen nennen einige Leute derartige Substanzen »zusammengesetzt«, nämlich aus dem, wodurch sie sind, und dem, was sie sind (oder aus dem, was sie sind, und dem Sein, wie es Boethius formuliert). Und weil bei den Vernunftwesen Potenzialität und Aktualität anzusetzen sind, findet man unschwer eine Vielfalt an Vernunftwesen. Dies wäre jedoch unmöglich, wenn es bei ihnen keine Potenzialität gäbe.

Die Vernunftwesen unterscheiden sich voneinander gemäß dem Grad ihrer Potenzialität und Aktualität. So besitzt ein höheres Vernunftwesen, das der ersten Ursache näher ist, mehr Aktualität und weniger Potenzialität, und bei den übrigen verhält es sich entsprechend. Diese Reihung endet mit der menschlichen Seele, denn sie nimmt bei den vernunftbegabten Substanzen die unterste Stufe ein. Weil sie von allen vernunftbegabten Substanzen die größte Potenzialität besitzt, steht sie in so großer Nähe zu den materiellen Dingen, dass ein materielles Ding hinzugezogen wird, um an ihrem Sein teilzunehmen. Und das geschieht, indem aus Seele und Körper ein einziges Sein entsteht, das in eins zusammengesetzt ist, obschon dieses Sein, da es von der Seele ausgeht, nicht vom Körper abhängig ist. [...]

Auf eine andere Weise findet sich das Wesen bei den erschaffenen vernunftbegabten Substanzen, deren Sein etwas anderes ist als ihr Wesen, obwohl ihr Wesen ohne

Materie besteht. Ihr Sein ist nicht absolut, sondern gebunden und daher begrenzt sowie endlich, gemäß der Kapazität der sie aufnehmenden Natur; aber ihre eigene Natur oder Washeit ist ungebunden und nicht in irgendeiner Materie aufgenommen. Daher heißt es in Boethius' *De causis*, dass die vernunftbegabten Wesen nach unten hin unendlich und nach oben hin endlich sind. Sie sind nämlich endlich, was ihr Sein angeht, das sie von etwas Höherem annehmen, doch nach unten hin sind sie unendlich, denn ihre Formen sind nicht auf die Kapazität irgendeiner sie aufnehmenden Materie begrenzt. Daher findet sich bei solchen Substanzen keine Vielzahl von Individuen innerhalb einer einzigen Art, das ist vielmehr nur bei der menschlichen Seele der Fall: wegen des Körpers, mit dem sie eine Einheit bildet. Und wenngleich die Individualisierung der Seele vom Körper abhängt, was den Moment des Seinsbeginns betrifft – weil sie sich ihr individuiertes Sein nur im Körper erwirbt, dessen Aktualität sie ist –, braucht ihre Individuation nicht zu enden, wenn ihr der Körper genommen wird. Denn da sie ihr Sein unabhängig von diesem besitzt und sich aus diesem heraus ein individuiertes Sein erworben hat, indem sie die Form dieses Körpers geworden ist, bleibt dieses Sein stets individuiert.

GOTTES SEIN UND WESEN

GOTTES SEIN UND WESEN

Es gibt etwas, dessen Wesen sein Sein selbst ist, und zwar Gott. Daher finden sich manche Philosophen, nach denen Gott keine Washeit (oder kein Wesen) besitzt, eben weil sein Wesen nichts anderes ist als sein Sein. Und demzufolge gehört er selbst zu keiner Gattung: Denn alles, was zu einer Gattung zählt, muss neben seinem Sein auch eine Washeit besitzen. Die Washeit oder Natur einer Gattung oder Art unterscheidet sich nämlich bei den Dingen, die zur selben Gattung oder Art gehören, nicht über den Begriff ihrer Natur, vielmehr besitzen diese unterschiedlichen Dinge ein unterschiedliches Sein. Man darf also mit der Aussage, dass Gott nur Sein ist, nicht auf den Irrtum derer verfallen, denen zufolge Gott jenes universelle Sein sei, durch das jedwedes Ding formal existiert. Denn das Sein, das Gott ist, ist von einer Art, dass ihm nichts weiter beigegeben werden kann. Daher ist es durch ebendiese Reinheit an sich ein Sein, das von jedem Sein verschieden ist. Deswegen heißt es im Kommentar zur 9. These in *De causis*, dass die Individuation der ersten Ursache, die nur Sein ist, durch ihr reines Gutsein besteht. Wie das Verständnis des allgemeinen Seins aber keinerlei Beigabe mit einschließt, so lässt es auch nicht die Unmöglichkeit einer Beigabe zu. Denn sollte es so sein, wäre es unbegreiflich, wie etwas existieren kann, dem noch etwas zusätzlich zu seinem Sein beigegeben wird.

Ebenso wenig dürfen Gott, obwohl er nur Sein ist, die übrigen Vollkommenheiten und Vorzüglichkeiten fehlen, vielmehr besitzt er alle Vollkommenheiten, die in sämtlichen Gattungen existieren. Deswegen wird er das einfach Vollkommene genannt, wie Aristoteles und der Kommentator in *Metaphysik* 5 sagen. Diese Vollkommenheiten aber besitzt er in einer hervorragenderen Weise als alle Dinge, weil sie in ihm eins, bei den anderen Dingen aber voneinander verschieden vorhanden sind. Und das ist so, weil all diese Vollkommenheiten ihm gemäß seinem einfachen Sein zukommen. So wie jemand, der mit einer einzigen Qualität die Wirkungen aller Qualitäten bewirken könnte, in dieser einen Qualität alle Qualitäten besäße, so besitzt Gott in ebendiesem seinen Sein alle Vollkommenheiten.

Anm. d. Hrsg.: Die bis hierher zitierten Passagen sind *De ente et essentia (Vom Sein und Wesen)* entnommen. Die folgenden Texte stammen aus der *Summa theologiae (Summe der Theologie)*. In diesem Werk werden alle Themen nach einem einheitlichen Schema behandelt: Scheinbarer Sachverhalt, der nach Argumenten untergliedert ist – Grundsätzlicher Einwand – Antwort Thomas von Aquins – Ausführliche Widerlegung der vermeintlichen Argumente ihrer Reihenfolge nach.

1.) **Scheinbar** ist die Theologie keine Wissenschaft. Denn jede Wissenschaft geht von Grundlagen aus, die offenbar sind. Die Theologie aber geht von Glaubenssätzen aus, die nicht offenbar sind, es pflichten ihnen ja nicht alle bei: »Denn nicht alle nehmen den Glauben an«, wie es in 2 Thess 3 heißt. Also ist die Theologie keine Wissenschaft.

2.) **Außerdem** behandeln Wissenschaften nicht nur Einzelfälle. Die Theologie jedoch handelt von Einzelfällen, etwa den Taten Abrahams, Isaaks, Jakobs und dergleichen. Also ist die Theologie keine Wissenschaft.

Aber dagegen steht die Aussage von Augustinus in *De Trinitate* 14: »Zu dieser Wissenschaft zählt nur, was diesen heilbringenden Glauben zeugt, nährt, hütet und stärkt.« Das aber gilt für keine andere Wissenschaft außer für die Theologie. Also ist die Theologie eine Wissenschaft.

Ich antworte: Die Theologie ist als Wissenschaft zu bezeichnen. Man muss dazu wissen, dass es zwei Arten von Wissenschaften gibt. Einige gehen nämlich von Grundlagen aus, die aufgrund des naturgegebenen Lichts unseres Verstandes sichtbar sind – z. B. Arithmetik, Geometrie und dergleichen. Einige aber basieren auf Grundlagen, die erst im Licht einer höheren Wissenschaft sichtbar werden, wie etwa die Perspektivenlehre anhand der Geometrie von bekannten Grundlagen ausgeht oder die Musiklehre aus bekannten Grundlagen anhand der Arithmetik. In dieser Weise nun ist die Theologie Wissenschaft, weil sie von bekannten Grundlagen im Licht einer übergeordneten Wissenschaft – nämlich der Wissenschaft von Gott und den Heiligen – ausgeht. Wie also die Musik die Grundlagen für wahr hält, die ihr von der Arithmetik übergeben sind, so hält die Theologie die ihr von Gott geoffenbarten Grundlagen für wahr.

Also zu 1.) Die Grundlagen jedweder Wissenschaft sind entweder offenkundig oder werden auf die Kenntnis einer höheren Wissenschaft zurückgeführt. Und von solcher Art sind, wie gesagt, die Grundlagen der Theologie.

Zu 2.) Einzelfälle werden in der Theologie nicht vermittelt, als ob es vorrangig um diese ginge. Vielmehr werden sie zum einen als Vorbilder für die Lebensführung aufgezeigt, wie in den ethischen Wissenschaften, und zum anderen, sogar ganz besonders, auch dazu, die Autorität jener Männer darzutun, durch welche die göttliche Offenbarung zu uns gelangt ist, auf der die heilige Schrift und auch die Theologie aufbauen.

IST GOTTES EXISTENZ OFFENKUNDIG?

1.) **Scheinbar** existiert Gott offenkundig. Denn als offenkundig bezeichnen wir etwas, dessen Kenntnis uns von Natur aus innewohnt, wie es bei den ersten Prinzipien auf der Hand liegt. Aber wie Johannes von Damaskus in *De fide contra Nestorianos* 1 sagt: »Allen ist von Natur aus die Kenntnis der Existenz Gottes eingegeben.« Also ist es offenkundig, dass Gott existiert.

2.) **Außerdem** bezeichnet man dasjenige als offenkundig, was man sofort erfasst, wenn die entsprechenden Begrifflichkeiten verstanden sind, und das weist Aristoteles in *Analytica posteriora* 1 den ersten Beweisprinzipien zu: Wenn man nämlich weiß, was ein Ganzes und was ein Teil ist, weiß man sogleich, dass jedes Ganze größer ist als ein Teil desselben. Aber hat man erst verstanden, was der Name »Gott« bedeutet, erfasst man sogleich, dass Gott existiert. Denn dieser Name bezeichnet das, was so groß ist, dass keine Steigerung mehr möglich ist. Dabei ist nun das, was tatsächlich und im Verstand existiert, größer als das, was nur im Verstand ist. Weil nun, sobald der Name »Gott« erfasst worden ist, dieser im Verstand existiert, folgt daraus auch, dass er tatsächlich existiert. Also ist offenkundig, dass es Gott gibt.

3.) **Außerdem** ist offenkundig, dass die Wahrheit existiert. Denn wer abstreitet, dass es die Wahrheit gibt, gibt zu, dass es die Wahrheit gibt. Denn wenn es keine Wahrheit gibt, ist es wahr, dass es die Wahrheit nicht gibt. Wenn aber etwas wahr ist, muss es auch Wahrheit geben. Gott aber ist die Wahrheit selbst: »Ich bin der Weg, die

Wahrheit und das Leben.« (Joh 14) Daher ist offenkundig, dass Gott existiert.

Aber keiner kann das Gegenteil des Offenkundigen denken, wie Aristoteles in *Metaphysik* 4 und *Analytica posteriora* 1 bezüglich der ersten Beweisgrundlagen klärt. Es lässt sich jedoch das Gegenteil dessen denken, dass Gott existiert. So heißt es in Psalm 53: »Der Narr sagt in seinem Herzen: ›Es gibt keinen Gott‹«. Also ist auch nicht offenkundig, dass es Gott gibt.

Ich antworte: Es verhält sich so, dass etwas in zweifacher Weise offenkundig ist. Zum einen an sich, aber nicht in Bezug auf uns, zum anderen an sich und in Bezug auf uns. Eine Vorstellung ist nämlich dadurch offenkundig, dass das Prädikat im Sinn des Subjekts enthalten ist, z. B. »der Mensch ist ein Lebewesen«, denn »Lebewesen« ist im Sinn von »Mensch« enthalten. Wenn also allen bezüglich eines Prädikats und Subjekts bekannt ist, was beide bezeichnen, wird jene Vorstellung allen offenkundig sein, wie anhand der ersten Beweisgrundlagen klar ist, deren Begriffe Allgemeingut enthalten, das niemandem unbekannt ist – wie »Sein und Nichtsein«, »Ganzes und Teil« und dergleichen. Wenn aber jemandem bezüglich des Prädikats und des Subjekts unbekannt sein sollte, was sie jeweils bezeichnen, wird zwar die Vorstellung, insofern sie an sich besteht, offenkundig sein, nicht aber für ihn, da er Prädikat und Subjekt der Vorstellung nicht erfasst. Daher verhält es sich so, wie auch Boethius in *De hebdomadibus* sagt: Manche geistige Vorstellungen sind nur für Weise zugänglich und offenkundig, wie etwa die Tatsache, dass sich Unkörperliches nicht an einem Ort befinden kann.

Ich will damit sagen, dass die Vorstellung »Gott ist«, soweit sie an sich existiert, offenkundig ist, weil das Prädikat mit dem Subjekt identisch ist. Gott ist nämlich sein Sein. Da wir aber von Gott nicht wissen, was er ist, ist obige Aussage für uns nicht offenkundig, sondern muss für uns durch Dinge aufgezeigt werden, die uns besser bekannt sind, aber weniger bekannt sind, was Gottes Natur betrifft – nämlich durch sein Wirken.

Also zu 1.) Die Erkenntnis, dass es Gott gibt – in einem etwas unpräzisen, eher allgemeinen Verständnis –, ist uns von Natur aus mitgegeben, insofern Gott nämlich die Glückseligkeit des Menschen darstellt. Denn der Mensch ersehnt von Natur aus die Glückseligkeit. Und was der Mensch von Natur aus ersehnt, erkennt er von Natur aus. Aber das heißt nicht direkt, zu erkennen, dass es Gott gibt: Zu sehen, dass sich jemand nähert, bedeutet ja auch nicht unbedingt zu erkennen, dass es sich dabei um Petrus handelt, selbst wenn es Petrus ist, der kommt. Denn unter dem höchsten Gut des Menschen, also der Glückseligkeit, verstehen viele Reichtum, manche wiederum Lustgefühle, manche aber irgendetwas anderes.

Zu 2.) Jemand, der den Begriff »Gott« hört, versteht vielleicht nicht, dass er dasjenige bezeichnet, wozu keine Steigerung mehr denkbar ist. Manche haben nämlich geglaubt, Gott sei ein Körper. Doch auch wenn jeder einsehen sollte, dass mit dem Begriff »Gott« das oben Genannte bezeichnet wird – nämlich das, wozu sich nichts Größeres mehr denken lässt –, folgt daraus doch nicht jene Einsicht, dass das mit diesem Begriff Gekennzeichnete in der Welt existiert, sondern nur, dass es im Erfassen des Verstandes Bestand hat.

Es lässt sich aber unmöglich zeigen, dass etwas real existiert, außer man gibt zu, dass dasjenige real existiert, zu dem sich nichts Größeres mehr denken lässt. Und das wird von denen nicht zugegeben, die annehmen, dass es Gott nicht gibt.

Zu 3.) ist zu sagen, dass es offenkundig Wahrheit im Allgemcinen gibt. Dass es aber eine erste Wahrheit gibt, das ist, was uns betrifft, nicht offenkundig.

1.) **Scheinbar** existiert Gott nicht. Denn wenn von zwei einander entgegenstehenden Dingen eines unendlich ist, wird das andere vollständig vernichtet. Folgendes aber versteht man unter diesem Namen, »Gott«, nämlich dass er etwas unendlich Gutes ist. Wenn es Gott also gäbe, würde sich nichts Schlechtes finden. Es existiert aber Schlechtes in der Welt. Also gibt es Gott nicht.

2.) **Außerdem:** Was durch weniger Prinzipien erfüllt werden kann, kommt nicht durch mehr Prinzipien zustande. Nimmt man allerdings einmal an, dass es Gott nicht gibt, kann anscheinend alles, was in der Welt vorkommt, anhand anderer Prinzipien erfüllt werden. Denn das, was natürlich ist, lässt sich auf die Natur als seine Grundlage zurückführen. Das aber, was durch Vorsatz entstanden ist, lässt sich auf die menschliche Vernunft oder den Willen als seine Grundlage zurückführen. Also gibt es keine Notwendigkeit für die Annahme einer Existenz Gottes.

Aber in Ex 3 heißt es von der Person Gottes: »Ich bin der, der ist.«

Ich antworte: Dass es Gott gibt, lässt sich auf fünf Wegen darlegen. Der erste und klarste Weg geht dabei von der Bewegung aus. Es ist nämlich eine Gewissheit und steht aufgrund unserer Sinneswahrnehmung fest, dass manches in dieser Welt bewegt wird. Aber alles, was bewegt wird, wird von etwas anderem bewegt. Nun wird nichts bewegt, außer insofern es in Potenzialität zu dem steht, wohin es bewegt wird; etwas bewegt aber irgendetwas anderes dadurch, dass es selbst Aktualität, d. h. aktuelles Sein, besitzt. »Bewegen« bedeutet nämlich nichts anderes, als etwas aus der Potenzialität in die Aktualität hinüberzuführen. Aus der Potenzialität in die Aktualität kann etwas aber nur durch eine Sache geführt werden, die aktuell existiert, so wie etwas in Aktualität Heißes, etwa das Feuer, ein Stück Holz, das potenziell heiß ist, aktuell heiß sein lässt; und dadurch bewegt und ändert es dieses. Es ist aber nicht möglich, dass dieselbe Sache in derselben Hinsicht zugleich aktuell und potenziell ist, sondern nur in verschiedener Hinsicht – was nämlich aktuell heiß ist, kann nicht zugleich potenziell heiß sein, vielmehr ist es zugleich potenziell kalt. Es ist also unmöglich, dass etwas in derselben Hinsicht und in derselben Weise Beweger und Bewegtes ist oder dass es sich selbst bewegt. Alles, was bewegt wird, muss also von etwas anderem bewegt werden. Wenn nun dasjenige, von dem es bewegt wird, seinerseits bewegt wird, muss sowohl Ersteres selbst von etwas anderem bewegt werden als auch jenes Zweite von wiederum etwas anderem. Hierbei aber kann man unmöglich ins Unendliche fortschreiten, weil so nichts ein erster Beweger wäre; in der Konsequenz gäbe es auch sonst keine Beweger, weil die nachrangigen Beweger nur dadurch bewegen, dass sie von einem ersten Beweger bewegt sind, so wie ein Stock nur dadurch etwas bewegen kann, dass er von einer Hand bewegt wird. Also gelangt man zwangsläufig zu einem ersten Beweger, der von nichts bewegt wird, und darunter verstehen alle Gott.

Der zweite Weg orientiert sich am Begriff der bewirkenden Ursache. Man stellt nämlich fest, dass in den hier sinnlich wahrnehmbaren Dingen eine Ordnung innerhalb der bewirkenden Ursachen existiert, allerdings entdeckt man weder, noch wäre es überhaupt möglich, dass etwas die bewirkende Ursache seiner selbst sei. Denn dann wäre es früher als es selbst, was unmöglich ist. Bei den bewirkenden Ursachen kann man aber ebenfalls unmöglich ins Unendliche fortschreiten. Denn in jeder Ordnung der bewirkenden Ursachen ist das Erste die Ursache eines Mittleren und ein Mittleres ist die Ursache des Letzten, ob es nun mehrere Mittlere gibt oder nur eines. Wenn aber keine Ursache vorhanden ist, gibt es auch keine Wirkung: Wenn es also kein Erstes bei den bewirkenden Ursachen gibt, wird es kein Mittleres und auch kein Letztes geben. Wenn man nun aber bei den bewirkenden Ursachen ins Unendliche fortschreitet, wird sich nie eine erste bewirkende Ursache finden, und damit wird es weder eine letzte Wirkung noch mittlere bewirkende Ursachen geben, was offenkundig falsch ist. Also ist es notwendig, eine erste bewirkende Ursache anzunehmen, die alle Gott nennen.

Der dritte Weg geht vom Möglichen und Notwendigen aus, und zwar folgendermaßen: Wir stellen fest, dass für etliche Dinge Sein und Nichtsein möglich sind. Denn es findet sich, dass manche Dinge erzeugt werden und wieder vergehen; folglich sind Sein und Nichtsein für sie möglich. Es ist aber unmöglich, dass alle Dinge, die es gibt, so beschaffen sind. Denn was die Möglichkeit hat, nicht zu sein, ist auch irgendwann einmal nicht. Wenn also alles die Möglichkeit hat, nicht zu sein, ist auch irgendwann einmal nichts in der Welt gewesen. Aber wenn das stimmen sollte, dürfte auch jetzt nichts existieren, weil etwas, das nicht existiert, nur durch etwas zu existieren beginnt, das existiert. Wenn also nichts existent gewesen ist, hat unmöglich etwas zu existieren beginnen können, und so würde jetzt nichts sein, was offenkundig falsch ist. Also kann nicht alles Seiende nur möglicherweise sein, sondern irgendetwas in der Welt muss notwendigerweise sein. Nun hat alles Notwendige den Grund für seine Notwendigkeit entweder anderswoher oder nicht. Unmöglich aber kann man bei den Dingen, die notwendig sind, weil sie einen äußeren Grund für ihre Notwendigkeit haben, ins Unendliche fortschreiten, so wie auch nicht bei den bewirkenden Ursachen, wie dargelegt wurde. Also ist notwendigerweise etwas anzusetzen, das an sich notwendig ist, das also den Grund seiner Notwendigkeit nicht anderswoher bezieht, sondern für die übrigen Dinge der Grund ihrer Notwendigkeit ist, und das nennen alle Gott.

Der vierte Weg geht von den Graden aus, die sich in den Dingen vorfinden. Es befindet sich in den Dingen nämlich mehr oder weniger viel Gutes, Wahres, Vortreffliches – und so weiter für alles übrige. Aber dieses »mehr« oder »weniger« wird über die verschiedenen Dinge danach ausgesagt, in welchem Maß sie dem nahe kommen, was im Höchstmaß ist. So ist dasjenige heißer, was dem im Höchstmaß Heißen näher kommt. Es gibt also etwas, was das Wahrste, was das Beste, was das Vortrefflichste und in der Konsequenz das im Höchstmaß Seiende ist. Denn diejenigen Dinge, die im Höchstmaß wahr sind, sind im Höchstmaß seiend, wie in *Metaphysik* 2 dargelegt wird. Welchem Ding man aber im Höchstmaß eine bestimmte Eigenschaft in irgendeiner Gattung zugesteht, ist die Ursache für alle anderen Dinge in seiner

Gattung. So ist das Feuer, das im Höchstmaß heiß ist, die Ursache aller heißen Dinge, wie im selben Buch dargelegt wird. Demnach gibt es etwas, das für alles Seiende der Grund seines Seins, seiner Gutheit und jedweder Vollkommenheit ist, und das nennen wir Gott.

Der fünfte Weg geht von der planvollen Lenkung der Dinge aus. Denn man sieht, dass etliche Dinge, die über keine Erkenntnis verfügen, nämlich natürliche Körper, um irgendeines Zieles willen tätig sind, was sich daran zeigt, dass sie immer oder meistens in derselben Weise tätig sind, um etwas zu verfolgen, was das Optimum ist. Daher ist offenkundig, dass sie nicht aus Zufall, sondern planvoll zu ihrem Ziel hingelangen. Die Dinge aber, die keine Erkenntnis besitzen, streben nur zu einem Ziel, wenn sie von etwas gelenkt sind, das seinerseits Erkenntnis und Verstand besitzt, wie beispielsweise ein Pfeil vom Pfeilschützen. Also gibt es etwas Verständiges, von dem alle natürlichen Dinge auf ihr Ziel ausgerichtet werden, und das nennen wir Gott.

Also zu 1.) Wie Augustinus im *Enchiridion* sagt, »würde Gott, weil er im höchsten Maße gut ist, in keiner Weise zulassen, dass etwas Schlechtes in seinen Werken wäre, wenn er nicht so allmächtig und gut wäre, dass er auch aus dem Schlechten Gutes wirken kann. Es gehört also zur unendlichen Gutheit Gottes, dass er die Existenz des Schlechten gestattet und daraus Gutes entstehen lässt.«

Zu 2.) Weil die Natur um eines bestimmten Zieles willen tätig ist, entsprechend der Leitung eines höhergestellt Handelnden, sind notwendigerweise auch die Dinge, die von Natur aus geschehen, auf Gott als ihre erste Ursache zurückzuführen. Gleichfalls sind auch die Dinge, die aus Vorsatz geschehen, auf eine höhere Ursache zurückzuführen, die nicht in der menschlichen Vernunft oder dem menschlichen Willen besteht, weil diese veränderlich und vergänglich sind. Vielmehr muss all das, was veränderlich ist und vergehen kann, auf irgendeine unbewegliche und an sich notwendige erste Grundlage zurückgeführt werden, wie gerade gezeigt.

DIE IDENTITÄT VON WESEN UND SEIN IN GOTT

1.) **Scheinbar** sind in Gott Wesen und Sein nicht dasselbe. Denn wenn es so sein sollte, könnte dem göttlichen Sein nichts zugeordnet sein. Aber ein Sein ohne Zusatz ist allgemeines Sein, und das kann von allem ausgesagt werden. Es ist also zu folgern, dass Gott allgemeines Sein ist, was von allem ausgesagt werden kann. Doch das ist nach Weish 14 falsch: »Seinen unmitteilbaren Namen haben sie Götzen aus Stein und Holz beigelegt.« Also ist Gottes Sein nicht sein Wesen.

2.) **Außerdem** können wir von Gott zwar wissen, *ob* er ist. Wir können aber nicht wissen, *was* er ist. Also ist Gottes Dasein nicht identisch mit seinem Was, oder anders gesagt: mit seiner Washeit oder Natur.

Aber Hilarius sagt in *De Trinitate* 7: »Das Sein ist in Gott kein Akzidens, sondern seine subsistente Wahrheit.« Was in Gott also subsistiert, d. h. für sich und von anderem unabhängig existiert, ist sein Sein.

Ich antworte: Gott ist nicht nur sein Wesen, sondern auch sein Sein. Das lässt sich auf vielfache Weise zeigen.

Erstens weil alles, was in einem Ding außer dessen Wesen ist, verursacht sein muss: entweder von den Prinzipien dieses Wesens (wie die eigentümlichen Akzidenzien, die sich aus der Art ergeben) oder von etwas außerhalb Befindlichem. Wenn also das Sein als solches bei einer Sache etwas anderes als ihr Wesen ist, muss das Sein dieser Sache entweder von etwas außerhalb Befindlichem oder von den wesenhaften Grundlagen der Sache selbst verursacht sein. Es ist aber unmöglich, dass das

Sein nur von den wesenhaften Grundlagen einer Sache verursacht wird, weil keine Sache imstande ist, für sich selbst der Grund ihres Seins zu sein, wenn sie ein verursachtes Sein besitzt. Dasjenige, dessen Sein etwas anderes ist als sein Wesen, muss sein Sein also von etwas anderem verursacht bekommen haben. Dies wiederum kann von Gott nicht ausgesagt werden, da wir Gott als die erste bewirkende Ursache bezeichnen. Also kann unmöglich in Gott sein Sein das eine und sein Wesen etwas anderes sein.

Zweitens stellt das Sein die Wirklichkeit jeder Form oder Natur dar, denn Güte oder Menschlichkeit wird ausschließlich als Aktualität bezeichnet, um zu erkennen zu geben, dass sie existiert. Ebendieses Sein muss also dem Wesen gegenübergestellt werden, denn Letzteres unterscheidet sich von Ersterem so, wie die Aktualität der Potenzialität gegenübersteht. Weil nun in Gott nichts potenziell ist, folgt daraus, dass in ihm das Wesen nichts anderes als sein Sein ist. Sein Wesen ist also sein Sein.

Drittens: So wie dasjenige, das Feurigkeit in sich trägt und nicht selbst das Feuer ist, durch Teilhabe feurig ist, so ist das, was Sein besitzt und nicht selbst das Sein ist, durch Teilhabe seiend. Gott aber ist sein Wesen. Wenn er also nicht sein Sein sein sollte, müsste er durch Teilhabe seiend sein, nicht durch sein Wesen. Er könnte dann nicht das erste Sein sein, was eine widersinnige Aussage ist. Also ist Gott sein Sein und nicht nur sein Wesen.

Also zu 1.) »Etwas, dem nichts zugeordnet ist« lässt sich auf zweifache Weise verstehen. Zum einen so, dass ihm Zusätze definitionsgemäß nicht beigegeben sein *dürfen* – wie es beispielsweise dem Begriff eines vernunftlosen Lebewesens innewohnt, dass es keine Vernunft besitzt. Zum anderen kann »etwas, dem nichts zugeordnet ist« so verstanden werden, dass ihm aufgrund seiner Definition keine Zusätze beigegeben sein *müssen*: So besitzen beispielsweise gewöhnliche Lebewesen keine Vernunft, weil es im Begriffsgehalt eines gewöhnlichen Lebewesens nicht enthalten ist, Vernunft zu besitzen; in der Begriffsbestimmung ist andererseits aber auch nicht enthalten, dass es vernunftlos ist.

In der ersten Weise ohne Zusatz zu sein, das ist göttliches Sein. In der zweiten Weise ohne Zusatz zu sein, das ist allgemeines Sein.

Zu 2.) »Sein« wird in zweifacher Weise ausgesagt. Zum einen bezeichnet es die Aktualität des Seins; zum anderen bezeichnet es die Zusammensetzung einer Aussage, zu der die Seele kommt, wenn sie Subjekt und Prädikat verbindet. Wenn wir also »Sein« in der ersten Weise verstehen, können wir weder das Sein noch das Wesen Gottes wissen, das ist vielmehr nur in der zweiten Weise möglich. Denn wir wissen, dass die Aussage wahr ist, die wir von Gott bilden, wenn wir sagen »Gott ist«. Und dies wissen wir aus seinem Wirken.

1.) **Scheinbar** gibt es für Gott keinen passenden Namen. Denn Dionysios sagt in *De divinis nominibus* 1: »Weder einen Namen noch eine Meinung gibt es für ihn.« Und in Spr 30 heißt es: »Welchen Namen trägt er, und welchen Namen sein Sohn, wenn du es weißt?«

2.) **Außerdem** bezeichnen Nomina eine Substanz mit einer Qualität; Verben und Partizipien wiederum bezeichnen zeitliche Abläufe; Pronomina aber haben hinweisende oder Bezug nehmende Funktion. Nichts von alledem kommt Gott nahe, denn er ist ohne einzelne Qualität, ohne jedes Akzidens und ohne Zeit. Man kann ihn auch nicht empfinden, sodass dementsprechend auf ihn hingewiesen werden könnte, und kann ihn auch nicht Bezug nehmend bezeichnen, weil Bezug nehmende Begriffe an etwas zuvor Gesagtes erinnern, seien es nun Nomina, Partizipien oder Demonstrativpronomina. Also kann Gott in keiner Weise von uns benannt werden.

Aber in Ex 15 heißt es: »Der Herr ist gleichsam ein Krieger, Allmächtiger ist sein Name.«

Ich antworte: Aristoteles zufolge sind Wörter Zeichen von geistigen Begriffen, und geistige Begriffe sind Ähnlichkeitsbilder von Dingen. Damit ist klar, dass Wörter sich auf die zu bezeichnenden Dinge beziehen, und zwar mittels des Begreifens unseres Verstandes. Also können wir etwas demgemäß benennen, wie es von uns mit dem Verstand erfasst werden kann. Es wurde aber oben gezeigt, dass Gott von uns in diesem Leben nicht in seinem Wesen geschaut werden kann.

Vgl. *Sum. th.* I, Fr. 12, Art. 11: Die Art des Erkennens folgt der Art der erkennenden Natur. Die Seele in ihrem körperlichen Sein kann daher die göttliche Wesenheit, die über den stofflichen Dingen steht, naturgemäß nicht erkennen.

Vielmehr wird Gott von uns anhand seiner Schöpfung erkannt. Also kann er von uns mit Bezug auf seine Schöpfung benannt werden, freilich formuliert dieser Name dann nicht sein göttliches Wesen gemäß dem, was es ist; hingegen bezeichnet der Name »Mensch« durch seine Bedeutung das Wesen des Menschen gemäß dem, was es ist, denn er bezeichnet seine Begriffsbestimmung, die sein Wesen darlegt; denn der Begriffsgehalt, den ein Name bezeichnet, ist die Definition.

Also zu 1.) Dass Gott keinen Namen habe oder über jeder Benennung stehe, heißt es ausschließlich in dem Sinne, dass sein *Wesen* jenseits dessen liegt, was wir von Gott verstehen und mit Wörtern bezeichnen können.

Zu 2.) Eine Substanz mitsamt ihrer Beschaffenheit zu bezeichnen bedeutet, das Prinzip samt der Natur oder bestimmten Form zu bezeichnen, in der es subsistiert. Wie über Gott manches Dingliche gesagt wird, um seine Subsistenz und Vollkommenheit zu bezeichnen, so werden für Gott auch Nomina verwendet, die eine Substanz mitsamt ihrer Beschaffenheit bezeichnen. Verben und Partizipien aber, die Zeit mit einbeziehen, werden deshalb für ihn verwendet, weil die Ewigkeit alle Zeit beinhaltet. So wie wir die einfachen Subsistenzen nämlich nur mittels der zusammengesetzten Dinge erfassen und bezeichnen können, können wir auch die einfache Ewigkeit weder verstehen noch durch Worte ausdrücken, außer eben mittels der zeitlichen Begriffe. Und das liegt an der Wesensgemeinschaft unseres Verstandes mit den zusammengesetzten und zeitlichen Dingen. Demonstrativpronomina werden auf Gott zudem nur insofern angewendet, als sie einen Hinweis darauf geben, was von ihm verstanden wird, nicht darauf, was von ihm sinnlich wahrgenommen wird. Denn inwieweit wir ihn begreifen, insoweit erfolgen die Hinweise. Und so, wie Nomina, Partizipien und Demonstrativa für Gott verwendet werden, lässt er sich auch mit rückbezüglichen Pronomina bezeichnen.

DER GOTT IM HÖCHSTEN MASSE EIGENE NAME

1.) **Scheinbar** ist der Name »Der ist« nicht der Gott im höchsten Maße eigene Name. Der Name Gottes ist ein unmitteilbarer Name. Aber der Name »Der ist« ist kein unmitteilbarer Name. Also ist der Name »Der ist« nicht der Gott im höchsten Maße eigene Name.

2.) **Außerdem** scheint jeder göttliche Name einen Bezug zur Schöpfung in sich zu tragen, weil Gott von uns nur durch seine Schöpfung erkannt wird. Aber der Name »Der ist« vermittelt nicht, wie er sich zur Schöpfung verhält. Also ist »Der ist« nicht der Gott im höchsten Maße eigene Name.

Aber in Ex 3 heißt es, dass Moses fragte: »Wenn sie mich fragen ›Wie lautet sein Name?‹, was soll ich ihnen antworten?«, und der Herr antwortete ihm: »Sag ihnen: ›Der ist‹ hat mich zu euch geschickt.« Also ist der Name »Der ist« der Gott im höchsten Maße eigene Name.

Ich antworte: Der Name »Der ist« ist gleich dreifach der Gott im höchsten Maße eigene Name.

Zunächst wegen seiner Bedeutung. Er bezeichnet nämlich keine Form, sondern das Sein als solches. Weil nun Gottes Sein sein eigentliches Wesen ist und dies auf nichts anderes zutrifft, wie oben gezeigt, ist klar, dass von allen Namen dieser im höchsten Grade Gott eigentlich benennt, denn jedwede Sache wird ihrer Form entsprechend benannt.

Zweitens wegen seiner Universalität. Denn alle anderen Namen sind entweder weniger allgemein oder fügen – wenn sie mit ihm getauscht werden – gemäß ihrem Sinn zusätzlich etwas hinzu. Daher gestalten und begrenzen sie ihn auf irgendeine Weise. Unser Verstand aber kann das eigentliche Wesen Gottes im Zustand seiner Art und Weise nicht gemäß dem erkennen, was es an sich ist. Sondern jede Seinsweise, die von unserer Erkenntnis nach Maßgabe dessen bestimmt wird, was sie an Gott versteht, bleibt hinter der Seinsweise zurück, auf die Gott an sich ist. Und je weniger begrenzt irgendwelche Namen sind und je allgemeiner und absolut, desto passender können wir mit ihnen Gott eigentlich bezeichnen. Daher sagt auch Johannes von Damaskus: »Vor allen Namen, die auf Gott angewendet werden, hat ›Der ist‹ Vorrang, denn er umfasst alles in sich und umfängt so das Sein als solches wie als unendliches und unbegrenztes Meer der Substanz.« Mit jedem anderen Namen wird nämlich die Art der Substanz auf irgendeine Weise begrenzt, aber der Name »Der ist« begrenzt keine Seinsart, sondern ist gegenüber allem ohne Grenzen. Und deshalb benennt er »ein unendliches Meer der Substanz«.

Der dritte Grund liegt in dem mit eingeschlossenen Sinn des Namens. Er bezeichnet nämlich das Sein in der Gegenwart, und das wird über Gott in höchstem Maße eigentlich ausgesagt, da ja dessen Sein keine Vergangenheit und keine Zukunft kennt, wie Augustinus in *De Trinitate* 5 sagt.

Also zu 1.) »Der ist« ist ein Gott in höherem Maße eigener Name als der Name »Gott« – bezogen darauf, wonach er ihm beigelegt wird, nämlich nach seinem Sein, und bezogen auf die Art der Benennung und der Mitbenennung. Aber bezogen darauf, wozu er ihm als Bezeichnung beigegeben wird, ist ihm in höherem Maße der Name »Gott« eigentlich, der ihm beigelegt wird, um die göttliche Natur zu bezeichnen. Und ein ihm in noch höherem Maße eigentlicher Name ist das Tetragramm, das ihm beigegeben ist, um die unsagbare und – wenn ich so sagen darf: einzigartige – Substanz Gottes als solche zu bezeichnen.

Zu 2.) Es ist nicht notwendig, dass alle Namen Gottes sein Verhältnis zur Schöpfung in sich tragen. Es reicht vielmehr aus, dass sie ihm ausgehend von den Vollendungen beigelegt werden, die der Schöpfung von Gott her zuteil werden. Und unter diesen die erste ist das Sein als solches, von dem der Name »Der ist« abgeleitet ist.

1.) **Scheinbar** liebt Gott nicht alles. Denn nach Dionysios *De divinis nominibus* 4 stellt die Liebe den Liebenden außerhalb seiner selbst und führt ihn gewissermaßen in das Geliebte hinüber. Es ist aber abwegig zu sagen, dass Gott außerhalb seiner selbst gestellt und in etwas hinübergeführt wird. Also ist es abwegig zu sagen, dass Gott etwas von sich selbst Verschiedenes liebt.

2.) **Außerdem** ist die Liebe Gottes ewig. Aber das, was von Gott verschieden ist, gibt es nicht von Ewigkeit her, außer in Gott. Also liebt Gott es nur in sich selbst. Aber da es in ihm ist, ist es nicht verschieden von ihm.

3.) **Außerdem** gibt es zwei Arten von Liebe: begehrende und freundschaftliche Liebe. Aber Gott liebt vernunftlose Geschöpfe weder mit begehrender Liebe – weil er keiner Sache außerhalb seiner selbst bedarf – noch mit freundschaftlicher Liebe – weil diese sich nicht auf vernunftlose Dinge richten kann, wie Aristoteles im 8. Buch seiner *Ethik* geklärt hat. Also liebt Gott nicht alles.

4.) **Außerdem** heißt es in Psalm 5: »Dein Hass trifft alle, die Unrecht tun«. Aber nichts kann zugleich gehasst und geliebt werden. Also liebt Gott nicht alles.

Aber in Weish 11 heißt es: »Du liebst alles, was ist, und verabscheust nichts von dem, was du erschaffen hast.«

Ich antworte: Gott liebt alles, was existiert. Denn alles, was existiert, ist gut, insofern es ist. Denn das Sein an sich ist bei jeder Sache ein Gut, ebenso eine jede Vollendung an ihr. Es ist aber gezeigt worden, dass der Wille Gottes der Ursprung aller Dinge ist. Vgl. *Sum. th.* I,

Fr. 19, Art. 4: Weil Gott der erste Beweger ist und infolgedessen auch zu sagen ist, dass er alles durch seinen Verstand und Willen bewirkt. Zwangsläufig besitzt ein Ding das Sein oder sonst irgendein Gut insofern, als es von Gott gewollt ist. Für alles Existente will Gott also etwas Gutes. Weil »lieben« nun nichts anderes heißt als »jemandem Gutes wollen«, ist offenbar, dass Gott alles liebt, was existiert. Er tut dies jedoch nicht auf dieselbe Weise wie wir. Denn weil unser Wille nicht der Ursprung des Guten in den Dingen ist, sondern vielmehr von diesem wie von einem Objekt erregt wird, ist unsere Liebe, durch die wir einem Ding Gutes wollen, nicht der Ursprung von dessen Gutem, sondern es verhält sich gerade umgekehrt: Das Gute in ihm, sei es wahr oder nur vermutet, weckt unsere Liebe, und ihretwegen wollen wir in seinem Interesse, dass sowohl dasjenige Gute, das es besitzt, bewahrt bleibe und dass dasjenige, was es nicht hat, hinzugefügt werde, und darauf wirken wir hin. Die Liebe Gottes aber ist es, die den Dingen das Gute einflößt und es erschafft.

Also zu 1.) Der Liebende wird in dem Sinne aus sich heraus in das Geliebte überführt, als er dem Geliebten Gutes will und durch seine Vorsorge zu dessen Gunsten wie für sich selbst tätig ist. Daher sagt Dionysios in *De divinis nominibus* 4 auch: »Man darf aber ebenso das als Wahrheit aussprechen, dass auch er selbst, die Ursache von allem, durch den Überfluss seiner liebenden Güte aus sich selbst heraustritt, indem er für alles Seiende Vorsorge trifft.«

Zu 2.) Mögen auch die Geschöpfe von Ewigkeit her nur in Gott gewesen sein, so kennt Gott die Dinge, dadurch dass sie von Ewigkeit her in ihm waren, von Ewigkeit her in ihrer jeweils eigenen Natur und hat sie aus ebendiesem Grund geliebt. So erkennen auch wir, durch die Ähnlichkeitsbilder der Dinge in uns, die in sich selbst existenten Dinge.

Zu 3.) Freundschaft kann man nur gegenüber vernunftbegabten Geschöpfen hegen, bei denen man Gegenliebe und eine gewisse Gemeinschaft in den Dingen des Lebens antrifft, denen auch Wohlergehen oder Unheil, je nach Schicksal oder Glück, zuteil wird: so wie es ihnen gegenüber auch Wohlwollen im eigentlichen Sinn gibt. Vernunftlose Geschöpfe können hingegen weder die Liebe zu Gott noch die Gemeinschaft des geistigen und seligen Lebens, in dem Gott existiert, erlangen. So liebt Gott die vernunftlosen Geschöpfe also, präzise formuliert, nicht mit der Liebe der Freundschaft, sondern mit einer in gewissem Sinne begehrenden Liebe: insofern er sie auf die vernunftbegabten Geschöpfe und auch auf sich selbst ausrichtet. Nicht als wenn er ihrer bedürfte, sondern aufgrund seiner Güte und um unseres Nutzens willen. Denn man kann etwas sowohl für sich selbst als auch für andere begehren.

Zu 4.) Dass ein und dasselbe in einer Hinsicht geliebt und in anderer Hinsicht gehasst wird, dem steht nichts entgegen. Gott liebt nun die Sünder, insofern sie Naturen sind, denn so existieren sie, und sie existieren von ihm selbst her. Insofern sie aber Sünder sind, sind sie nicht im Sein, sondern werden vom Sein abtrünnig, und dieser Aspekt in ihnen stammt nicht von Gott. Daher ziehen sie sich in dieser Hinsicht seinen Hass zu.

1.) **Scheinbar** trifft Barmherzigkeit auf Gott nicht zu. Denn Barmherzigkeit ist ein Ausdrucks des Trauerns, wie Johannes von Damaskus sagt. Aber in Gott existiert kein Kummer. Und damit auch keine Barmherzigkeit.

2.) **Außerdem** ist Barmherzigkeit eine Lockerung der Gerechtigkeit. Aber Gott kann nicht das übergehen, was mit seiner eigenen Gerechtigkeit verbunden ist. Denn es heißt in 2 Tim 2: »Wenn wir nicht an ihn glauben, bleibt er doch treu, denn er kann sich selbst nicht verleugnen.« Er würde sich selbst aber verleugnen, wie die Glosse zur Stelle sagt, wenn er das von ihm Gesagte verleugnen sollte. Also trifft auf Gott Barmherzigkeit nicht zu.

Aber es heißt in Psalm 111: »Der Herr ist gnädig und barmherzig.«

Ich antworte: Barmherzigkeit ist Gott im höchsten Maße zuzuschreiben, allerdings bezogen auf ihre Auswirkung, nicht auf das Einwirken eines Gefühls. Dazu muss man bedenken, dass jemand barmherzig heißt, der gleichsam ein armes, ein unglückliches Herz hat. Denn den Barmherzigen ergreift Kummer angesichts des Unglücks eines anderen, als wäre es sein eigenes. Und infolgedessen wirkt er darauf hin, das Unglück dieses anderen zu vertreiben, als wäre es sein eigenes. Darin besteht die Auswirkung der Barmherzigkeit. Also trifft es auf Gott zwar nicht zu, wegen jemandes Unglück betrübt zu sein. Jemandes Unglück aber zu vertreiben, das trifft im höchsten Maße auf ihn zu, sofern wir unter »Unglück« jeden beliebigen Mangel verstehen. Beseitigt werden Mängel aber nur, wenn jemand in vollkommenerer

Weise gut ist. Die erste Grundlage alles Guten ist jedoch Gott.

Also zu 1.) Der genannte Einwand geht von der Barmherzigkeit aus, was das Erleiden eines Affekts betrifft.

Zu 2.) Gott handelt nicht in der Weise barmherzig, dass er etwas wider seine Gerechtigkeit tut, sondern indem er etwas über die Gerechtigkeit hinaus wirkt. Wie wenn einer jemandem, dem hundert Denare geschuldet werden, von seinem Geld zweihundert gibt und damit doch auch nicht wider die Gerechtigkeit handelt. Vielmehr ist er freigebig oder barmherzig. Und das Gleiche gilt, wenn einer eine ihm widerfahrene Kränkung vergibt. Denn wer eine Schuld erlässt, schenkt gewissermaßen etwas, daher nennt der Apostel die Vergebung in Eph 5 eine Schenkung: »Beschenkt einander, wie auch Christus euch beschenkt hat.« Daraus geht klar hervor, dass die Barmherzigkeit die Gerechtigkeit nicht aufhebt, sondern gewissermaßen die Erfüllung der Gerechtigkeit darstellt. Deshalb heißt es in Jak 2: »Die Barmherzigkeit überwindet das Gericht.«

1.) **Scheinbar** kann Gott nichts vorbei an der Ordnung tun, die der Welt eingegeben ist. Augustinus sagt nämlich in *Gegen Faustus* 26: »Gott, der Schöpfer und Erschaffer aller Naturen, tut nichts gegen die Natur.« Aber gegen die Natur scheint dasjenige zu sein, was vorbei an der Ordnung geht, die den Dingen von Natur aus eingegeben ist. Also kann Gott nichts vorbei an der Ordnung tun, die den Dingen eingegeben ist.

2.) **Außerdem** hat Gott die Ordnung der Natur eingerichtet. Wenn Gott also etwas vorbei an der Ordnung der Natur tun sollte, müsste er selbst Änderungen unterworfen zu sein. Und das ist unzutreffend.

Aber Augustinus sagt in *Gegen Faustus* 26 auch: »Gott tut manchmal etwas gegen den gewohnten Lauf der Natur.«

Ich antworte: Aus jeder Ursache leitet sich eine gewisse Ordnung bei ihren Wirkungen her, weil jede Ursache in ihrem Wesen ein Prinzip bildet. Mit der Vervielfältigung der Ursachen vervielfältigen sich daher auch die Ordnungen, bei denen jeweils die einen auf den anderen beruhen, wie auch Ursache auf Ursache beruht. Daher ist eine frühere Ursache nicht in die Ordnung einer späteren Ursache eingebunden, sondern umgekehrt. Ein Beispiel dafür findet sich in der menschlichen Gesellschaft, denn vom Familienvater hängt die Hausordnung ab, die in die Ordnung der Stadt eingebettet ist, welche vom Leiter der Stadt ausgegangen ist, wobei diese wiederum in die Ordnung des Königs eingebunden ist, von dem das ganze Reich geordnet wird. Wenn also die

Ordnung der Dinge insofern erwogen wird, wie sie von der ersten Ursache abhängt, so kann Gott nichts gegen die Ordnung der Dinge tun. Denn wenn er so handelte, würde er gegen sein eigenes Vorauswissen oder seinen Willen oder seine Güte handeln. Wenn man aber die Ordnung der Dinge insofern bedenkt, als sie von einer der nachrangigen Ursachen abhängt, so kann Gott etwas vorbei an der Ordung der Dinge tun. Denn er ist seinerseits der Ordnung der nachrangigen Ursachen nicht unterworfen, sondern solche Ordnungen unterliegen ihm, da sie gleichsam aus ihm hervorgehen: nicht aus einer Naturnotwendigkeit, sondern durch die freie Entscheidung seines Willens. Er hätte nämlich auch eine andere Ordnung der Dinge einrichten können. Daher kann er auch an dieser eingerichteten Ordnung vorbei agieren, wenn er will. Indem er beispielsweise Wirkungen der nachrangigen Ursachen auch ohne ebendiese hervorruft oder irgendwelche Wirkungen erzeugt, zu denen die nachrangigen Ursachen nicht ausreichen. Daher sagt Augustinus in *Gegen Faustus* 26: »Gott handelt mitunter gegen den gewohnten Lauf der Natur; aber gegen das oberste Gesetz handelt er in keiner Weise, ebenso wie er nicht gegen sich selbst handelt.«

Also zu 1.) Wenn den natürlichen Dingen etwas an der ihnen eingegebenen Natur vorbei zuteil wird, kann dies in zweifacher Weise geschehen. Zum einen durch das Agieren eines Handelnden, der ihnen nicht ihre natürliche Neigung verliehen hat: wenn z. B. ein Mensch einen schweren Körper aufwärts bewegt, dem es ja nicht von diesem Menschen zuteil geworden ist, dass er sich naturgemäß nach unten bewegt. Ein solches Wirken ist gegen die Natur. Zum anderen ist das Agieren eines Handelnden, von dem die natürliche Neigung eines Dinges abhängt, denkbar. Und das erfolgt nicht wider die Natur, wie bei Ebbe und Flut klar zutage tritt. Denn diese widersprechen der Natur nicht, obwohl sie an der natürlichen Bewegung des Wassers vorbei erfolgen, das nach unten gezogen wird. Denn sie geschehen unter dem Einfluss eines Himmelskörpers, von dem die natürliche Neigung der unter ihm befindlichen Körper abhängt. Da den Dingen die Ordnung der Natur nun von Gott eingegeben ist, ist es nicht wider die Natur, wenn er an dieser Ordnung vorbei handelt. Daher sagt Augustinus in *Gegen Faustus* 26: »Für jede Sache ist dasjenige natürlich, was Gott gewirkt hat, denn durch ihn besteht jedes Maß, jede Zahl und jede Ordnung in der Natur.«

Zu 2.) Gott hat den Dingen ihre feststehende Ordnung in einer Weise eingegeben, dass er sich gleichwohl dasjenige vorbehielt, was er selbst einmal aus gutem Grund anders machen sollte. Wenn er daher an jener Ordnung vorbei handelt, ändert er sich nicht.

DAS VERMÖGEN DES MENSCHEN

1.) **Scheinbar** ist die Seele ein Körper. Denn die Seele ist der Beweger des Körpers. Es gibt aber keinen Beweger, der unbewegt ist. Einmal, weil anscheinend nichts etwas bewegen kann, ohne bewegt zu werden, weil nichts etwas austeilen kann, was es selbst nicht hat – so kann z. B. etwas, das nicht heiß ist, nicht erhitzen. Vor allem aber verursacht ein unbewegter Beweger eine ewige Bewegung und verhält sich auf ebendiese Weise in einer Art – wie in *Physik* 8 gezeigt wird –, wie sie sich gerade nicht in der Bewegung eines Lebewesens zeigt, das eine Seele besitzt. Also ist die Seele ein bewegter Beweger. Aber jeder bewegte Beweger ist ein Körper. Also ist die Seele ein Körper.

2.) **Außerdem** vollzieht sich jede Erkenntnis durch eine Form von Gleichartigkeit. Gleichartigkeit zwischen einem Körper und einer unkörperlichen Sache aber kann es nicht geben. Wenn die Seele also kein Körper wäre, könnte sie keine körperlichen Dinge erkennen.

Aber Augustinus sagt in *De Trinitate* 6: »Die Seele wird mit Hinblick auf den Körper ›einfach‹ genannt, weil sie sich aufgrund von dessen Materie nicht durch die Weite des Raumes ausbreiten kann.«

Ich antworte: Zur Untersuchung der Seelennatur muss man zunächst vorbringen, dass man die Seele die oberste Lebensgrundlage der Dinge nennt, die bei uns leben. Denn Beseeltes nennen wir »lebendig«, Unbeseeltes hingegen »leblos«. In höchstem Maße kenntlich macht sich das Leben nun durch zwei Tätigkeiten, nämlich Erkenntnis und Bewegung. Für deren Grundlage hielten die alten Philosophen aber die Körper, weil sie nicht imstande waren, über diese Vorstellung hinauszugehen. Sie sagten nämlich, dass nur Körper Dinge seien und dass nichts existiere, was kein Körper ist. Demzufolge sagten sie auch, die Seele sei ein Körper. Diese Meinung lässt sich nun in vielfacher Weise als falsch erweisen, doch ich wähle nur einen Weg, auf dem ganz allgemein und sicher zutage tritt, dass die Seele kein Körper ist. Es liegt nämlich auf der Hand, dass nicht jede Grundlage einer von Leben gekennzeichneten Tätigkeit eine Seele ist, denn dann wäre das Auge eine Seele, da es ja die Grundlage des Sehens ist. Und dasselbe wäre über andere Werkzeuge der Seele zu sagen. Vielmehr sagen wir, dass die Seele die erste Grundlage des Lebens ist. Obwohl nun ein Körper in gewisser Weise Lebensgrundlage sein kann – wie das Herz Grundlage des Lebens im Lebewesen ist –, kann doch kein Körper die erste Grundlage des Lebens sein. Es liegt nämlich auf der Hand, dass die Grundlage des Lebens zu sein, oder überhaupt lebendig zu sein, auf einen Körper nicht aufgrund dessen zutrifft, dass er ein Körper ist. Andernfalls wäre jeder Körper lebendig oder sogar die Grundlage des Lebens. Dass er lebendig oder sogar die Grundlage des Lebens ist, trifft auf einen Körper also dadurch zu, dass er ein gerade derartig beschaffener Körper ist. Dass er aber in seiner Aktualität so beschaffen ist, beruht auf einer Grundlage, die seine Aktualität gestaltet. Die Seele, die die erste Grundlage des Lebens ist, ist also kein Körper, sondern eine bestimmte Aktualität eines Körpers: so wie die Hitze als Grundlage der Erhitzung kein Körper ist, sondern eine bestimmte Aktualität eines Körpers.

Also zu 1.) Dass alles, was bewegt ist, von etwas anderem bewegt werde, lässt sich nicht endlos fortsetzen. Daher muss man sagen, dass nicht jeder Beweger bewegt wird. Weil »bewegt werden« bedeutet: »aus der Potenzialität in Aktualität übergehen«, gibt der Beweger das, was er hat, dem Bewegten, insofern er es in die Aktualität versetzt. Aber wie Aristoteles in *Physik* 8 zeigt, gibt es einen vollkommen unbewegten Beweger, der weder durch sich selbst noch durch ein Akzidens bewegt wird, und ein solcher Beweger kann eine stets uniforme Bewegung erzeugen. Es gibt andere Beweger, die nicht durch sich selbst, sondern durch ein Akzidens bewegt werden und deswegen eine nicht stets uniforme Bewegung erzeugen. Solche Beweger sind die Seelen. Es gibt aber auch Beweger, die von sich selbst bewegt werden, nämlich die Körper. Und weil die frühen Naturphilosophen nicht glaubten, dass es außer Körpern noch etwas gebe, nahmen sie an, dass jeder Beweger bewegt werde, dass die Seele somit von sich selbst bewegt werde und dass sie ein Körper sei.

Zu 2.) Die Gleichartigkeit zu einer erkannten Sache muss nicht als Aktualität in der Natur des Erkennenden existieren. Sondern wenn es etwas gibt, das zuerst in seiner Potenzialität und danach in seiner Aktualität erkennt, muss die Gleichartigkeit des Erkannten nicht als Aktualität in der Natur des Erkennenden bestehen, sondern nur seiner Potenzialität nach – so wie ein Farbeindruck nicht aktuell in jeder Pupille ist, sondern nur seiner Potenzialität nach. Daher muss die Gleichartigkeit zu körperlichen Dingen in der Seelennatur nicht aktuell existieren, sondern diese kann sich in Potenzialität zu derartigen Gleichartigkeiten befinden. Weil aber die alten Naturphilosophen nicht zwischen Aktualität und Potenzialität zu unterscheiden wussten, nahmen sie an, die Seele sei aufgrund dessen ein Körper, dass sie Körper erkennt; und aufgrund dessen, dass sie alle Körper erkennt, meinten sie, sie sei aus den Grundlagen aller Körper zusammengesetzt.

1.) **Scheinbar** besitzt der Mensch keinen freien Willen. Denn wer freien Willen besitzt, macht, was er will. Aber der Mensch macht nicht, was er will, es heißt nämlich in Röm 7: »Ich tue nicht das, was ich will; sondern was mir verhasst ist, das mache ich.« Also hat der Mensch keinen freien Willen.

2.) **Außerdem:** Wenn jemand freien Willen besitzt, liegen Wollen und Nichtwollen, Tun oder Nichttun ganz bei ihm. Aber dies liegt nicht beim Menschen, es heißt nämlich in Röm 9: »Es kommt nicht auf das Wollen und Streben des Menschen an.« Also hat der Mensch keinen freien Willen.

3.) **Außerdem** »ist frei, was seine eigene Ursache ist«, wie es in *Metaphysik* 1 heißt. Was also von etwas anderem bewegt wird, ist nicht frei. Aber Gott bewegt den Willen, denn es heißt in Spr 21: »Das Herz des Königs liegt in Gottes Hand, und er lenkt es, wohin er will«, und in Phil 2: »Gott ist es, der in uns das Wollen und Vollbringen bewirkt.« Also besitzt der Mensch keinen freien Willen.

4.) **Außerdem:** Wessen Wille frei ist, der ist Herr über seine Taten. Aber der Mensch ist laut Jer 10 nicht Herr über seine Taten: »Der Mensch vermag seinen Weg nicht zu bestimmen, und keiner kann beim Gehen seine Schritte lenken.« Also hat der Mensch keinen freien Willen.

Aber in Sir 15 heißt es: »Gott hat am Anfang den Menschen erschaffen und ihn der Macht seiner eigenen Entscheidung überlassen.« Und die Glosse erklärt: »Gemeint ist die Freiheit des Wahlentscheids.«

Ich antworte: Der Mensch besitzt freien Willen, sonst wären Ratschläge, Aufforderungen, Vorschriften, Verbote, Belohnungen und Strafen vergebens. Zum Beweis dessen ist zu bedenken, dass manches Ding ohne Urteilskraft agiert, z. B. ein Stein, der abwärts rollt, und gleichermaßen alles andere, was keine Erkenntnis besitzt. Manches handelt indessen mit Urteilskraft, aber doch nicht frei, wie etwa die vernunftlosen Lebewesen. Denn wenn ein Schaf einen Wolf sieht, fällt seine Entscheidung, dass es vor ihm fliehen muss, durch ein naturgegebenes Urteil und nicht durch ein freies. Denn es entscheidet dies nicht aus einer Abwägung, sondern aus einem naturgegebenen Instinkt heraus. Und das gleiche gilt für jedes Urteil bei den vernunftlosen Tieren. Der Mensch hingegen handelt mit Entscheid, weil er mittels der Kraft seines Erkennens urteilt, dass vor etwas zu fliehen oder etwas zu verfolgen ist. Weil dieses Urteil nicht aus einem naturgegebenen Instinkt zu jeder einzelnen möglichen Handlung, sondern aus einer Abwägung seiner Vernunft erfolgt, handelt er mit freiem Entscheid: weil er sich in verschiedene Richtungen bewegen kann. Denn der Vernunft steht bezüglich dessen, was nicht zwingend erfolgt, der Weg in einander entgegengesetzte Richtungen offen, wie es bei logischen Schlussfolgerungen und der rhetorischen Überzeugungskunst klar zutage tritt. Jede einzelne mögliche Handlung aber ist etwas Kontingentes, daher ist die Vernunft für verschiedene Möglichkeiten ausgerüstet und nicht auf nur eines vorherbestimmt. Demgemäß besitzt der Mensch notwendigerweise freien Willen: eben weil er vernunftbegabt ist.

Also zu 1.) Das sinnliche Trachten kann, auch wenn es der Vernunft gehorcht, ihr doch gelegentlich widerstreben, indem es gegen das aufbegehrt, was die Vernunft vorschreibt. Und das ist mit dem Guten gemeint, das der Mensch nicht tut, obwohl er es will: indem er nämlich gegen die Vernunft aufbegehrt, wie die augustinische Glosse zur Stelle erklärt.

Zu 2.) Das Wort des Apostels ist nicht so zu verstehen, als ob der Mensch nicht aus freiem Wahlentscheid heraus wolle oder strebe, sondern gemeint ist, dass der freie Wille alleine nicht dazu ausreicht, wenn er von Gott nicht unterstützend bewegt wird.

Zu 3.) Der freie Wille ist die Ursache seiner Bewegung, weil der Mensch sich durch den freien Willen selbst dazu bewegt, etwas zu tun. Jedoch ist es für die Freiheit nicht notwendig, dass das Freie die erste Ursache seiner selbst ist, wie auch etwas, das die Ursache von etwas anderem ist, nicht unbedingt dessen erste Ursache sein muss. Gott ist die erste bewegende Ursache, die sowohl die naturgegebenen als auch die willentlichen Ursachen bewegt. Und so wie er es den naturgegebenen Ursachen, indem er diese nämlich bewegt, nicht nimmt, dass ihre Wirkungen naturgegeben sind, so nimmt er, indem er die willentlichen Ursachen bewegt, diesen wiederum nicht, dass ihre Taten willentlich sind. Vielmehr fördert er dies noch in ihnen, denn er wirkt in jedwedem Ding so, wie es dessen Eigenart entspricht.

Zu 4.) Die Aussage, dass der Mensch seinen Weg nicht zu bestimmen vermag, bezieht sich auf die Durchführung von Wahlentscheiden, an denen der Mensch gehindert werden kann, mag er dies wollen oder nicht. Die Wahlentscheide an sich aber liegen bei uns, wenngleich die göttliche Unterstützung deren Voraussetzung ist.

1.) **Scheinbar** ist es möglich, dass sich etwas der von Gott gelenkten Ordnung widersetzt. Denn in Jes 3 heißt es: »Ihre Worte und Taten richten sich gegen den Herrn.«

2.) **Außerdem** kann kein König rechtens diejenigen bestrafen, die keinen Widerstand gegen seine Ordnung geleistet haben. Wenn sich also nichts gegen die göttliche Ordnung erhebt, würde niemand von Gott rechtens bestraft.

3.) **Außerdem** ist jedes einzelne Ding der göttlich gelenkten Ordnung unterworfen. Doch so manches Ding wird von einem anderen bekämpft. Also gibt es Dinge, die sich gegen die göttliche Ordnung aufrichten.

Aber Boethius sagt in *De consolatione* 3: »Es gibt nichts, was dem höchsten Gut Widerstand leisten will oder dies kann. Es ist demnach das höchste Gut, das alles kraftvoll regiert und liebevoll ordnet«, wie es auch in Weish 8 von der göttlichen Weisheit heißt.

Ich antworte: Die Ordnung der göttlichen Vorsehung kann man in zweierlei Hinsicht betrachten. Zum einen allgemein, nämlich gemäß dem, was von der lenkenden Ursache aller Dinge hervorgeht; zum anderen im Besonderen, nämlich gemäß dem, was aus irgendeiner konkreten Ursache hervorgeht, die die göttliche Lenkung im Einzelnen ausführt. In der ersten Weise nun lehnt sich nichts gegen die göttliche Ordnung auf. Das wird aus zwei Dingen deutlich: Erstens daraus, dass die Ordnung der göttlichen Lenkung ganz und gar auf das Gute abzielt, und zweitens daraus, dass jedwedes Ding in seiner Tätigkeit und seinem Unternehmen nur auf das Gute abzielt, denn »keiner ist in der Hoffnung auf Schlechtes tätig«, wie Dionysios sagt. Auf die andere Weise ergibt sich dasselbe daraus, dass jede Neigung einer Sache – sei sie naturgegeben oder willentlich – gewissermaßen unter dem Einfluss des ersten Bewegers erfolgt, wie etwa die Neigung eines Pfeils hin zur festgelegten Markierung nur durch eine gewisse Art von Einfluss seitens des Schützen erfolgt. Daher gelangt alles, was tätig ist – sei es von Natur aus oder willentlich –, gewissermaßen aus eigenem Antrieb dahin, worauf es von Gott ausgerichtet wird. Und daher heißt es, dass Gott alles liebevoll ordnet.

Also zu 1.) Dass man von jemandem sagt, er denke, rede oder handle gegen Gott, beruht nicht darauf, dass er sich der Ordnung der göttlichen Lenkung zur Gänze widersetzen würde, denn auch als Sünder erstrebt er etwas Gutes. Es beruht vielmehr darauf, dass er sich gegen ein bestimmtes Gut erhebt, das ihm gemäß seiner Natur oder Beschaffenheit zukommt. Und daher wird er rechtens von Gott bestraft.

Dadurch ist auch die Lösung für den zweiten Punkt klar.

Zu 3.) Die Tatsache, dass eine Sache eine andere bekämpft, zeigt: Ein Ding kann sich gegen eine Ordnung auflehnen, die aufgrund einer einzelbesonderen Ursache besteht, nicht aber gegen diejenige Ordnung, die von der universalen Ursache aller Dinge abhängt.

1.) **Scheinbar** ist der Teufel für den Menschen unmittelbar die Ursache, zu sündigen. Denn die Sünde besteht schlicht aus Begierde. Aber Augustinus sagt in *De Trinitate* 4, dass »der Teufel seinem Umgang üble Begierden einhaucht«. Und bei Beda heißt es in *Super Acta:* »Der Teufel verleitet die Seele, Schlechtes zu begehren.« Und Isidor vermerkt in *De summo bono*, dass »der Teufel in den Herzen der Menschen geheime Begierden anhäuft«. Also ist der Teufel unmittelbar die Ursache der Sünde.

2.) **Außerdem** sagt Hieronymus: »So wie Gott der Vollender des Guten ist, so ist der Teufel der Vollender des Bösen.« Nun ist Gott aber unmittelbar die Ursache alles Guten. Also ist der Teufel unmittelbar die Ursache unserer Sünden.

3.) **Außerdem** legt Aristoteles in einem Kapitel seiner *Eudemischen Ethik* dar, dass es eine Grundlage für den menschlichen Entschluss geben muss, die außerhalb des Letzteren besteht. Einen menschlichen Entschluss aber gibt es nicht nur zum Guten, sondern auch zum Schlechten. Wie Gott uns also zum guten Entschluss bewegt und dadurch unmittelbar die Ursache des Guten ist, so bewegt der Teufel den Menschen zum schlechten Entschluss, und daraus folgt, dass der Teufel unmittelbar die Ursache der Sünde ist.

Aber Augustinus legt in *De libero arbitrio* 1 und 3 dar, »dass der Geist des Menschen durch nichts anderes als den eigenen Willen zum Knecht der Begierde wird.« Doch zum Knecht der Begierde wird der Mensch nur in der Sünde. Also kann nicht der Teufel die Ursache der

Sünde sein, sondern allein der dem Menschen eigene Wille.

Ich antworte: Eine Sünde stellt eine Aktualität dar. Daher kann etwas auf dieselbe Weise unmittelbar die Ursache einer Sünde sein, wie etwas unmittelbar die Ursache einer Aktualität ist. Das erfolgt freilich nur durch das, was als die zugehörige Grundlage dieser Aktualität deren Umsetzung hervorruft. Aber die Aktualität der Sünde hat ihre zugehörige Grundlage im Willen, weil jede Sünde aus freiem Willen geschehen muss. Daher kann nichts unmittelbar die Ursache einer Sünde sein, außer dem, was den Willen zu einer Handlung bewegen kann. Der Wille wiederum kann von zwei Dingen bewegt werden: Zum einen von einem Objekt – so wie man sagt, dass etwas Begehrenswertes, das greifbar nahe ist, das Begehren weckt. Zum anderen von etwas, was den Willen rein innerlich zum Wollen neigen lässt. Letzteres aber ist ausschließlich entweder der Wille an sich oder Gott selbst, der alles lenkt. Nun kann Gott nicht die Ursache der Sünde sein. In dieser zweiten Hinsicht kann demnach nur der Wille des Menschen unmittelbar die Ursache seiner Sünde sein. Hinsichtlich des zuvor genannten Objekts hingegen lassen sich drei mögliche Dinge denken, die den Willen entsprechend bewegen können: Einmal der in Aussicht gestellte Gegenstand selbst, so wie man sagt, dass das Essen den Appetit anregt. Zweitens jemand, der einen solchen Gegenstand in Aussicht stellt oder anbietet. Drittens jemand, der die Überzeugung vermittelt, dass der in Aussicht gestellte Gegenstand etwas Gutes sei, denn auch er stellt auf irgendeine Weise einen dem Willen entsprechenden Gegenstand in Aussicht, nämlich ein scheinbares oder tatsächliches Gut. Auf die erste Art also bewegen sinnlich wahrnehmbare, rein äußerlich auftretende Dinge den Willen des Menschen zur Sünde. Auf die zweite und dritte Art aber kann entweder der Teufel oder ein Mensch den Willen zur Sünde reizen – sei es dadurch, etwas sinnlich Begehrenswertes anzubieten, oder dadurch, dem Verstand erfolgreich zuzureden. Aber auf keine dieser drei Weisen kann etwas die unmittelbare Ursache der Sünde sein, weil der Wille von keinem Objekt unvermeidlich bewegt wird. Daher ist nichts eine zwingende Ursache für eine Sünde: weder irgendetwas, das rein äußerlich dargeboten wird, noch irgendjemand, der ebendieses in Aussicht stellt, noch jemand, der einem anderen erfolgreich zuredet. Daraus folgt, dass der Teufel weder unmittelbar noch zwingend die Ursache der Sünde ist; er ist es vielmehr nur in der Art desjenigen, der erfolgreich einem anderen zuredet oder etwas Begehrenswertes in Aussicht stellt.

Also zu 1.) Zwar stößt man bei all den hier genannten Autoritäten auf Übereinstimmung, doch muss man ihre Aussagen darauf beziehen, dass der Teufel auf den Zustand der Sünde hinlenkt, indem er zu etwas rät oder etwas Begehrenswertes in Aussicht stellt.

Zu 2.) Die angeführte Gleichheit ist nur insofern gemeint, als der Teufel in gewisser Weise die Ursache unserer Sünden ist, so wie Gott auf irgendeine Weise die Ursache unserer guten Taten ist. Sie berührt jedoch nicht die Frage, von welcher Art dieses Verursachen ist. Denn Gott ruft die guten Taten hervor, indem er unseren Willen im Innern bewegt, und das kann auf den Teufel nicht zutreffen.

Zu 3.) Gott ist die universale Grundlage jeder innerlichen Bewegung des Menschen. Dass sich der menschliche Wille aber auf einen schlechten Entschluss festlegt, geschieht unmittelbar aus dem menschlichen Willen heraus. Der Teufel hat dabei die Rolle desjenigen, der jemandem erfolgreich zuredet oder Begehrliches in Aussicht stellt.

1.) **Scheinbar** sind der Tod und die übrigen körperlichen Gebrechen keine Auswirkungen des Sündenfalls. Wenn nämlich der Grund stets identisch wäre, müsste auch die Auswirkung immer dieselbe sein. Aber diese Gebrechen sind nicht bei allen gleich, sondern bei einigen sind entsprechende Krankheiten in stärkerem Maße vorhanden – obwohl die Erbsünde doch bei allen dieselbe ist und die körperlichen Mängel in erster Linie deren Auswirkungen sein sollen. Also sind der Tod und derartige Gebrechen keine Auswirkungen der Erbsünde.

2.) **Außerdem** steht eine Sünde, die ein Mensch selbst begeht, in einer engeren Beziehung zu seiner Schuld als die Erbsünde. Aber durch eine selbst begangene Sünde verändert sich unsere körperliche Natur nicht zu irgendeinem Gebrechen hin. Umso weniger also durch die Ursünde. Demnach sind der Tod und die anderen körperlichen Mängel keine Auswirkungen der Erbsünde.

Aber der Apostel sagt in Röm 5: »Durch einen einzigen Menschen kam die Sünde in die Welt, und durch die Sünde der Tod.«

Ich antworte: In zweifacher Weise kann eine Sache die Ursache einer anderen sein. Zum einen direkt, zum anderen durch die weiteren Umstände. Die direkte Ursache von etwas anderem ist nun, was durch die Kraft seiner Natur oder Form eine Wirkung hervorruft, wobei diese Wirkung als solche von der Ursache bezweckt wird. Da Tod und derartige Mängel aber nicht in der Absicht eines Sünders liegen, liegt es auf der Hand, dass die Sünde nicht die direkte Ursache dieser Mängel ist. Akzidentiell wiederum ist das eine die Ursache des anderen, wenn Ersteres Letzteres dadurch verursacht, dass es ein Hindernis beseitigt. So heißt es in *Physik* 8: »Einer, der eine Säule abreißt, bewegt akzidentiell einen Stein, der oben auf dieser Säule aufliegt.« Und in dieser Weise ist die Sünde der ersten Eltern die Ursache des Todes und aller entsprechenden Gebrechen in der menschlichen Natur. Denn die Sünde der Ureltern hat die ursprüngliche Gerechtigkeit verworfen, auf deren Grundlage nicht nur die Vernunft die niederen, gänzlich regellosen Seelenkräfte gezügelt, sondern die Seele auch den ganzen Körper, ohne dass dieser an irgendetwas Mangel gelitten hätte, gelenkt hatte.

Und da die Sünde der ersten Eltern diese ursprüngliche Gerechtigkeit aufgegeben hat, ist die menschliche Natur in ihrer Seele, weil es deren Fähigkeiten an Ordnung gebricht, gleichsam verwundet; und ebenso ist die menschliche Natur auch durch die fehlende Ordnung im Körper selbst verwundbar geworden. Zu dieser Strafe kam es durch das Verwerfen der ursprünglichen Gerechtigkeit und die Aufhebung der Gnade. Daher sind auch der Tod und alle körperlichen Mängel, die uns ereilen, Strafen für die Erbsünde. Und obgleich derartige Mängel nicht vom Sünder beabsichtigt sind, sind sie doch gemäß der Gerechtigkeit des strafenden Gottes geregelt.

Also zu 1.) Nur exakte Gleichartigkeit erzeugt bei direkten Ursachen auch exakt gleichartige Wirkungen, denn wenn die direkte Ursache stärker oder schwächer ausfällt, wird auch der Effekt erhöht oder vermindert. Aber exakte Gleichartigkeit bei Ursachen, die ein Hindernis beseitigen, bedeutet nicht die exakte Gleichartigkeit der Wirkungen. Denn wenn jemand mit einem jeweils identischen Stoß zwei verschiedene Säulen einreißt, folgt daraus nicht, dass Gegenstände, die auf diesen liegen, in der gleichen Weise bewegt werden: vielmehr wird dasjenige, das schwerer ist, schneller fallen – gemäß der Eigenschaft seiner Natur, der diese Bewegung überlassen bleibt, sobald das Hindernis entfernt ist.

Ebenso ist, seit die ursprüngliche Gerechtigkeit verworfen wurde, die Natur des menschlichen Körpers sich selbst überlassen. Und gemäß ihrer jeweils unterschiedlichen, von der Natur vorgegebenen Konstitution müssen die Körper einiger Menschen daher mehr Mängel erleiden, diejenigen anderer Menschen hingegen weniger, wenngleich die Erbsünde bei allen dieselbe ist.

Zu 2.) Bei einer Sünde, die jemand selbst begeht, lassen sich zwei Bestandteile unterscheiden, nämlich die eigentliche Substanz der Handlung und der Aspekt der Schuld. Mit Hinsicht auf die Substanz der Tat kann eine selbst begangene Sünde zwar körperlichen Mangel verursachen, wie es etwa Menschen gibt, die wegen übermäßigen Essens erkranken oder sterben. Mit Blick auf die Schuld indes raubt die Sünde dem Menschen die ihm gewährte Gnade, die Handlungen seiner Seele in rechter Weise zu lenken, wenngleich diese Gnade nicht auch noch die körperlichen Mängel zurückzuhalten vermag, wie es die Urgerechtigkeit konnte. Derartig beschaffene Mängel verursacht die selbst begangene Sünde daher nicht in der Weise, wie es durch die Erbsünde erfolgt ist.

1.) **Scheinbar** unzutreffend wird die lässliche Sünde von der Todsünde unterschieden. Denn Augustinus sagt in *Gegen Faustus* 22: »Sünde heißt das, was jemand wider das ewige Gesetz tut oder begehrt.« Aber gegen das ewige Gesetz zu sein, verleiht der Sünde das Todbringende. Also ist jede Sünde Todsünde. Demnach darf man keine Sünde als »lässlich« von der Todsünde unterscheiden.

2.) **Außerdem:** Wer auf ein bestimmtes Ziel zugeht, entfernt sich von einem anderen. Aber jeder, der sündigt, geht auf ein veränderliches Gut zu. Also entfernt er sich vom unveränderlichen Gut. Damit begeht er eine Todsünde. Also wird die lässliche Sünde unzutreffenderweise von der Todsünde unterschieden.

Aber Augustinus sagt in *Homilia super Ioannem* 41: »Schuld ist, was Verdammnis verdient, lässlich aber ist, was keine Verdammnis verdient.« Mit »Schuld« meint er in diesem Zusammenhang indes »Todsünde«. Also wird die lässliche Sünde zutreffend von der Todsünde unterschieden.

Ich antworte: Dinge, die keine Gegensätze zu sein scheinen, wenn man sie im Wortsinn versteht, können sich im metaphorischen Verständnis als entgegengesetzt erweisen: So ist »lachen« kein Gegensatz zu »brach liegen«, aber wenn man metaphorisch von »lachenden« Wiesen spricht, nämlich wegen deren frischer Blüte, steht es »brach liegen« entgegen. Ebenso scheint »tödlich«, wenn man es im Wortsinn auffasst – nämlich mit Blick auf den körperlichen Tod –, keinen Gegensatz zu »lässlich« darzustellen, ja es scheint sich nicht einmal auf dieselbe Kategorie zu beziehen. Aber wenn »tödlich« metaphorisch verwendet wird, wie es bei einer Sünde der Fall ist, bildet »tödlich« einen Gegensatz zu »lässlich«. Denn weil die Sünde, wie gesagt, eine Art Krankheit in der Seele ist, resultiert die Bezeichnung der Sünde als etwas Tödliches aus ihrer Entsprechung zu Krankheiten, die aus dem Grunde tödlich heißen, dass sie einen irreparablen Schaden verursachen, indem der Körper durch sie eine bestimmte Grundlage verliert. Die Grundlage des geistigen Lebens aber, das in Übereinstimmung mit der Tugend steht, ist die Hinordnung zum letzten Ziel, nämlich der Glückseligkeit. Wenn man diese Grundlage allerdings verliert, kann sie nicht anhand irgendeiner dem Menschen innewohnenden Grundlage wiederhergestellt werden, sondern nur durch das Wirken Gottes. Denn Verwirrung darüber, was dem Erreichen dieses Ziels dienlich ist, lässt sich zwar durch eingehende Betrachtung des Ziels auflösen – so wie sich ein Irrtum, der sich bei Schlussfolgerungen einstellt, anhand der Richtigkeit der zugrunde liegenden Fakten aufklären lässt. Für einen Mangel in der *Ausrichtung* auf das letzte Ziel hin gibt es jedoch keine übergeordnete Grundlage, nach deren Maßgabe er behoben werden kann – genausowenig wie für einen Irrtum, der bezüglich der grundlegenden Fakten besteht. Daher werden Sünden dieser Art Todsünden genannt, weil sie gewissermaßen irreparabel sind. Sünden hingegen, die eine Verwirrung darüber mit sich bringen, was zum Erreichen des letzten Ziels dient, sind solange reparabel, wie die Ausrichtung auf das Ziel gewahrt bleibt. Und letztere Art von Sünde heißt »lässlich«, weil die Sünde »erlassen« wird, wenn die verschuldete Strafe aufgehoben wird, und diese wiederum endet, wenn die Sünde aufhört. Insofern also stehen »tödlich« und »lässlich« einander gegenüber wie »reparabel« und »irreparabel« – »irreparabel« freilich gemessen an der Grundlage, die dem Menschen zu Eigen ist, nicht aber gemessen an der göttlichen Wirkkraft, die jede sowohl körperliche als auch geistige Krankheit beheben kann. Deswegen wird die lässliche Sünde zutreffend von der Todsünde unterschieden.

Also zu 1.) Die Trennung der lässlichen Sünde von der Todsünde bedeutet keine Unterteilung einer Gattung in Arten, die in der gleichen Weise am Wesen dieser Gattung teilhaben. Vielmehr ist sie graduell, erfolgt also danach, ob dieselbe Aussage mehr oder weniger auf sie zutrifft. Das vollkommene Wesen der Sünde, die Augustinus anführt, entspricht gemäß dem Dargelegten also der Todsünde. »Lässliche Sünde« aber heißt eine Sünde, deren Wesen unvollkommen ist, und zwar in ihrer Ausrichtung auf die Todsünde – so wie ein Akzidens nur in seiner Ausrichtung auf eine Substanz seiend heißt, da es selbst eine unvollkommene Weise des Seins besitzt. Die lässliche Sünde richtet sich nämlich nicht gegen das Gesetz. Denn jemand, der lässlich sündigt, unternimmt weder etwas, was das Gesetz verbietet, noch unterlässt er etwas, wozu das Gesetz durch Gebote verpflichtet. Vielmehr handelt er am Gesetz vorbei, weil er nicht den Zweck beachtet, auf den das Gesetz ausgerichtet ist.

Zu 2.) Ein veränderliches Gut wird nicht als Ziel aufgefasst, das dem unveränderlichen Gut entgegensteht, außer wenn dadurch ein bestimmter Zweck festgelegt wird. Was nämlich zu diesem Zweck dient, nimmt keine Rücksicht auf das letzte Ziel.

DER GLAUBE

DAS EVANGELIUM, AUCH DAS NEUE GESETZ GENANNT

1.) **Scheinbar** macht das Neue Gesetz nicht gerecht. Denn keiner wird gerecht, wenn er dem Gesetz Gottes nicht Folge leistet. Nach der Stelle Hebr 5: »Er – gemeint ist Christus – ist für alle, die ihm gehorchen, der Urheber des ewigen Heils geworden.« Aber das Evangelium bewirkt nicht immer, dass die Menschen ihm Folge leisten, denn in Röm 10 heißt es: »Nicht alle sind dem Evangelium gehorsam geworden.« Also macht das Neue Gesetz nicht gerecht.

2.) **Außerdem** legt der Apostel im Brief an die Römer dar, dass das Alte Gesetz nicht gerecht gemacht hat, da mit dessen Ankunft das pflichtwidrige Handeln aufkam. In Röm 4 heißt es nämlich: »Das Gesetz bewirkt Zorn, denn wo es kein Gesetz gibt, gibt es auch keine Übertretung.« Aber das Neue Gesetz hat das pflichtwidrige Handeln nochmals gesteigert, denn wer immer noch sündigt, nachdem doch das Neue Gesetz aufgestellt worden ist, erweist sich einer noch größeren Strafe würdig – gemäß der Aussage in Hebr 10: »Wer das Gesetz des Moses verwirft, muss ohne Erbarmen auf die Aussage von zwei oder drei Zeugen hin sterben. Meint ihr nicht, dass derjenige eine noch viel höhere Strafe verdient, der den Sohn Gottes mit Füßen getreten hat?« Also macht das Neue Gesetz nicht gerecht, so wie auch das Alte Gesetz dies nicht getan hat.

3.) **Außerdem** ist es nur Gott zu Eigen, gerecht zu machen, wie es in Röm 8 heißt: »Gott ist es, der gerecht macht.« Aber das Alte Gesetz ist von Gott gekommen, so wie auch das Neue Gesetz. Das Neue Gesetz macht also nicht in größerem Maße gerecht als das Alte Gesetz.

Aber in Röm 1 sagt der Apostel: »Ich schäme mich des Evangeliums nicht, denn es ist ein Wirken Gottes, das jeden rettet, der glaubt.« Das Heil aber gibt es nur für die Gerechten. Also macht das Gesetz des Evangeliums gerecht.

Ich antworte: Zwei verschiedene Dinge sind unter dem Gesetz des Evangeliums zu verstehen. Das eine allerdings vorrangig, nämlich die Gnade des Heiligen Geistes als solche, die rein innerlich verliehen wird. Und was sie betrifft, so macht das Neue Gesetz gerecht. Daher sagt Augustinus in *De spiritu et littera:* »Dort – gemeint ist das Alte Testament – ist das Gesetz äußerlich aufgestellt worden, und so wurden die Ungerechten abgeschreckt. Hier – nämlich im Neuen Testament – ist es innerlich gegeben worden, und so wurden sie gerecht gemacht.«

In nachrangiger Weise versteht man etwas Zweites unter dem Gesetz des Evangeliums, nämlich die Schriftstücke des Glaubens sowie die Weisungen, die die menschliche Einstellung sowie die menschlichen Handlungen regeln. Und was diese betrifft, so macht das Neue Gesetz nicht gerecht. Daher sagt der Apostel in 2 Kor 3: »Der Buchstabe tötet, der Geist aber macht lebendig.« Und Augustinus legt in *De spiritu et littera* dar, dass mit »Buchstabe« jedwede Schrift gemeint ist, die außerhalb der Menschen steht, also auch diejenigen Schriften mit sittlichen Weisungen, wie sie das Evangelium enthält. Daher würde auch der Buchstabe des Evangeliums töten, wenn die heilende Gnade des Glaubens nicht aus seinem Inneren heraus mitwirken würde.

Also zu 1.) Dieser Einwand geht vom Neuen Gesetz nicht in Bezug auf das Wesentliche, sondern in Bezug auf das Nachrangige an ihm aus. Denn er bezieht sich auf die dem Menschen rein äußerlich vor Augen gehaltenen Beispiele und Weisungen, ob nun durch Worte oder durch Schrift.

Zu 2.) Auch wenn die Gnade des Neuen Testaments den Menschen darin unterstützt, nicht zu sündigen, so festigt sie ihn im Guten dennoch nicht in solchem Maße, dass der Mensch überhaupt nicht sündigen kann, denn Letzteres ist dem Stand der Herrlichkeit vorbehalten. Wenn daher jemand sündigt, nachdem ihm die Gnade des Neuen Testaments gewährt worden ist, hat er eine größere Strafe verdient, weil er gleichsam angesichts der größten Wohltaten undankbar ist und angebotenen Beistand nicht annimmt. Dennoch wird damit nicht gesagt, dass das Neue Gesetz Zorn bewirkt, denn es bietet ausreichend Hilfestellung, nicht zu sündigen.

Zu 3.) Das Neue und das Alte Gesetz hat der eine Gott aufgestellt, aber in verschiedener Weise. Denn das Alte Gesetz hat er auf steinernen Tafeln erlassen, das Neue Gesetz aber auf den fleischlichen Tafeln des Herzens, wie der Apostel in 2 Kor 3 sagt. Dazu führt Augustinus in *De spiritu et littera* aus: »Jenen Buchstaben nennt der Apostel ›außerhalb des Menschen geschrieben‹ sowie ›Beistand des Todes und Beistand der Verdammnis‹. Aber diesen – gemeint ist das Gesetz des Neuen Testaments – nennt er ›Beistand des Geistes und Beistand der Gerechtigkeit‹, weil wir durch die Gabe des Geistes Gerechtigkeit wirken und von der Verdammnis des gesetzwidrigen Handelns befreit werden.«

1.) **Scheinbar** unzutreffenderweise werden drei gotteskundliche Tugenden angenommen: Glaube, Hoffnung und Liebe. Denn gotteskundliche Tugenden sind auf die göttliche Glückseligkeit ausgerichtet, so wie die Neigung einer Natur auf ihren natürlichen Zweck. Aber unter den Tugenden eines Wesens, die auf seinen natürlichen Zweck ausgerichtet sind, wird nur eine einzige natürliche Tugend angesetzt, nämlich die Erkenntnis der Prinzipien. Also darf man nur eine einzige Tugend ansetzen, die die Gotteskunde betrifft.

2.) **Außerdem** müssen gotteskundliche Tugenden vollkommener sein als rationale und moralische Tugenden. Aber der Glaube fällt nicht unter die rationalen Tugenden, sondern er ist etwas Geringeres als eine Tugend, weil er eine unvollkommene Erkenntnisart darstellt. Ebenso wenig zählt die Hoffnung zu den moralischen Tugenden, vielmehr ist sie etwas Geringeres als eine Tugend, weil sie eine Leidenschaft darstellt.

3.) **Außerdem** ordnen die gotteskundlichen Tugenden die Seele des Menschen zu Gott hin. Aber zu Gott hingeordnet werden kann die Seele des Menschen nur durch ihren rationalen Teil, in dem Erkennen und Wille liegen. Also darf es nur zwei gotteskundliche Tugenden geben: die eine, die das Erkennen vollendet, und die andere, die den Willen vollendet.

Aber der Apostel sagt in 1 Kor 13: »Für jetzt aber bleiben Glaube, Hoffnung, Liebe, diese drei.«

Ich antworte: Die gotteskundlichen Tugenden richten den Menschen auf dieselbe Weise auf die übernatürliche

Glückseligkeit aus, wie der Mensch durch seine natürliche Neigung zu dem ihm naturgemäßen Ziel ausgerichtet wird.

Letzteres aber erfolgt in zweierlei Hinsicht: Zum einen in Bezug auf die Vernunft; denn diese umfasst die uns durch das naturgegebene Licht des Intellekts bekannten universalen ersten Prinzipien, auf denen unsere Überlegungen bei allem beruhen, was zu denken oder zu tun ist. Zum anderen durch die Ausrichtung des Willens, der von Natur aus zum Gut der Vernunft strebt.

Beides aber bleibt hinter dem Zustand der übernatürlichen Glückseligkeit zurück, gemäß 1 Kor 2: »Kein Auge hat gesehen, kein Ohr hat gehört und keinem Menschen ist je in den Sinn gekommen, was Gott denen bereitet hat, die ihn lieben.« Daher muss dem Menschen in beiderlei Hinsicht etwas auf übernatürliche Weise verliehen werden, um ihn auf das übernatürliche Ziel hin auszurichten. Und daher werden dem Menschen erstens, was den Intellekt betrifft, gewisse übernatürliche Prinzipien zuteil, die im göttlichen Licht erfasst werden, und das ist das Wahrhaftige, von dem der Glaube handelt. Und zweitens wird der Wille auf das genannte Ziel ausgerichtet: So wird sein entsprechendes Bestreben in dem Bewusstsein geweckt, dass dieses Ziel erreichbar ist, und das gehört in den Bereich der Hoffnung; außerdem erfolgt gleichsam eine geistige Vereinigung, die ihn gewissermaßen zu diesem Ziel hin umformt, und das geschieht durch die Liebe. Denn von Natur aus strebt das Trachten einer jeden Sache zu einem ihr wesensverwandten Ziel. Und diese Bewegung entspringt einer gewissen Entsprechung zwischen dieser Sache und ihrem Ziel.

Also zu 1.) Der Intellekt bedarf rational erfassbarer Bilder, anhand derer er erkennt. Daher muss ihm zusätzlich zu seiner natürlichen Auffassungskraft eine weitere Fähigkeit verliehen werden. Denn die eigentliche Natur des Willens genügt zwar für die natürliche Ausrichtung auf sein Ziel hin, und zwar sowohl was das Trachten nach eben diesem Ziel als auch was die Entsprechung mit diesem betrifft. Aber in der Ausrichtung auf das Ziel, das jenseits seiner Natur existiert, reichen seine natürlichen Kräfte weder zum einen noch zum anderen aus. Daher muss ihm in Bezug auf beides eine übernatürliche Fähigkeit gewährt werden.

Zu 2.) Glaube und Hoffnung tragen eine gewisse Unvollkommenheit in sich, weil der Glaube auf das zielt, was man nicht sieht, und die Hoffnung auf das, was man nicht hat. Glaube und Hoffnung auf etwas zu hegen, was in der menschlichen Macht steht, besitzt daher nicht das Wesen der Tugend. Aber Glaube und Hoffnung auf etwas zu hegen, was außerhalb der Möglichkeiten der menschlichen Natur liegt, geht über jede Tugend hinaus, die für den Menschen angemessen ist, gemäß 1 Kor 1: »Das Schwache an Gott ist stärker als die Menschen.«

Zu 3.) Zum Trachten gehört zweierlei, nämlich die Bewegung zu einem Ziel hin und die Übereinstimmung mit diesem Ziel aufgrund der Liebe. Und damit sind auch aufgrund des menschlichen Trachtens zwei gotteskundliche Tugenden anzusetzen, nämlich wiederum die Hoffnung und außerdem die Liebe.

1.) **Scheinbar** ist die Liebe nicht die Form des Glaubens. Denn ein jedes Ding wird anhand seiner Form in eine Art eingeteilt. Also kann bei Dingen, die wie die unterschiedlichen Arten innerhalb einer Gattung einander gegenübergestellt sind, das eine nicht die Form des anderen sein. Aber Glaube und Liebe stehen nach 1 Kor 13 einander so gegenüber, nämlich als verschiedene Arten der Tugend. Also kann die Liebe nicht die Form des Glaubens sein.

2.) **Außerdem** existiert die Form und dasjenige, dessen Form sie ist, in ein und demselben Ding, weil aus ihnen schlicht Eines wird. Doch der Glaube existiert im Verstand, die Liebe aber im Willen. Also ist die Liebe nicht die Form des Glaubens.

3.) **Außerdem** ist die Form die Grundlage einer jeden Sache. Aber die Grundlage des Glaubens scheint für den Willen eher Gehorsam als Liebe zu sein, gemäß Röm 1: »Wir haben Gnade und Apostelamt empfangen, um alle Heiden zum Gehorsam des Glaubens zu führen.« Also ist eher der Gehorsam als die Liebe die Form des Glaubens.

Aber ein jedes Ding ist durch seine Form tätig. Der Glaube aber ist »durch die Nächstenliebe tätig« (Gal 5,6). Also ist die Liebe, im Sinne der Nächstenliebe, die Form des Glaubens.

Ich antworte: Tätigkeiten, die der Wille leitet, richten sich in ihrer Art nach dem Ziel, also dem Objekt des Willens. Nun entspricht das, wovon etwas seine Art erlangt, dem Begriff der Form bei den natürlichen Dingen. Und daher ist bei jeder Tätigkeit, die der Wille bestimmt, die Form gewissermaßen das Ziel, auf das sie hinwirkt: Zum einen weil ihr von diesem ihre Art zufällt, zum anderen ganz besonders deshalb, weil die Art der Tätigkeit mit dem Ziel übereinstimmen muss. Es ist aber offenkundig, dass der Akt des Glaubens ein Objekt des Willens zum Ziel hat und darauf ausgerichtet ist, nämlich das Gute als solches. Dieses Gute aber, welches das Ziel des Glaubens ist, und zwar das göttlich Gute, ist das zugehörige Objekt der Liebe. Und daher wird die Liebe insofern die Form des Glaubens genannt, als der Akt des Glaubens durch die Liebe verwirklicht wird und seine Form erhält.

Also zu 1.) Die Liebe wird in dem Sinne Form des Glaubens genannt, als dessen Tätigkeit durch sie geformt wird. Nichts steht aber dem entgegen, dass ein Akt von verschiedenen Einstellungen seine Form erhält und dementsprechend auf verschiedene Arten bezogen wird.

Zu 2.) Dieser Einwand geht von dem Begriff der Form im engeren Sinne aus. Die Nächstenliebe ist aber nicht in diesem Sinne die Form des Glaubens, sondern eben insofern, als dessen Akt von ihr geformt wird.

Zu 3.) Auch der Gehorsam – und ebenso die Hoffnung, ja überhaupt jede Tugend, die dem Akt des Glaubens vorangehen könnte – erhält seine Form durch die Liebe. Und daher wird die Liebe selbst als die Form des Glaubens angesetzt.

1.) **Scheinbar** kann man in diesem Leben die Glückseligkeit erlangen. Es heißt nämlich in Psalm 118: »Selig, deren Weg ohne Tadel ist, weil sie nach der Weisung des Herrn leben.« Diese Aussage bezieht sich auf das hiesige Leben. Also kann jemand in diesem Leben selig sein.

2.) **Außerdem:** Eine unvollkommene Teilhabe am höchsten Gut ermöglicht eine zumindest unvollkommene Glückseligkeit. Menschen können in diesem Leben aber am höchsten Gut teilhaben, indem sie Gott erkennen und lieben, wenngleich eben in unvollkommener Weise. Also kann der Mensch in diesem Leben glückselig sein.

3.) **Außerdem** kann, was von vielen gesagt wird, nicht völlig falsch sein. Denn was viele Male vorkommt, scheint naturgegeben zu sein; die Natur wiederum kann nicht völlig fehlgehen. Nun setzen aber viele Menschen die Glückseligkeit in diesem Leben voraus, wie aus Psalm 144 klar hervorgeht: »Selig das Volk, dem dies zuteil wird«, nämlich die Güter des diesseitigen Lebens. Also kann jemand in diesem Leben glückselig sein.

Aber in Hiob 14 heißt es: »Der Mensch, vom Weib geboren, lebt eine kurze Zeit, die von vielfachem Elend erfüllt ist.« Jedoch würde die Glückseligkeit jedes Elend ausschließen. Also kann ein Mensch in diesem Leben nicht glückselig sein.

Ich antworte: Teilhabe an der Glückseligkeit kann man in diesem Leben erlangen, die vollkommene und wahre Glückseligkeit aber kann in diesem Leben nicht erreicht werden. Das lässt sich auf zwei Weisen erklären: Einmal schlicht anhand der allgemeinen Bedeutung von

»Glückseligkeit«. Weil die Glückseligkeit das vollkommene und hinlänglich Gute ist, schließt sie jedes Übel aus und erfüllt jedes Sehnen. In diesem Leben aber lässt sich nicht alles Schlechte ausschließen. Denn das irdische Leben ist vielen unvermeidbaren Übeln unterworfen: nicht nur infolge von Unwissenheit auf Seiten des Verstandes, sondern auch wegen plötzlicher Stimmungen, die unser Begehren auslöst, oder durch vielfältige körperliche Mühen, wie Augustinus in *De civitate Dei* 19 im Einzelnen auseinander setzt. Ebensowenig lässt sich in diesem Leben das Verlangen nach dem Guten stillen. Denn der Mensch begehrt von Natur aus die Fortdauer des Guten, das er besitzt. Die Güter des irdischen Lebens aber sind vergänglich, weil auch das Leben selbst vergeht, und dieses begehren wir ebenfalls von Natur aus und wünschten, es könnte ewig Bestand haben, denn der Mensch scheut von Natur aus den Tod. Daher ist es unmöglich, in diesem Leben wahre Glückseligkeit zu besitzen.

Der andere Erklärungsansatz beruht auf der Erkenntnis, worin die Glückseligkeit im Besonderen besteht: nämlich in der Schau des göttlichen Wesens, zu der kein Mensch in diesem Leben gelangen kann.

Vgl. *Sum. th.* I, Fr. 12, Art. 2: Jedes Sehen geschieht, indem im Betrachter gewissermaßen eine abbildhafte Form des Gesehenen erschaffen wird. Gottes Wesen ist aber sein Sein, und dies kann auf eine erschaffene Form nicht zutreffen. Es gibt also kein Ähnlichkeitsbild, das Gottes Wesen verkörpert.

Daraus ergibt sich eindeutig, dass niemand in diesem Leben die wahre und vollkommene Glückseligkeit erlangen kann.

Also zu 1.) Manche Menschen werden in diesem Leben entweder deshalb glückselig genannt, weil sie darauf hoffen dürfen, im Leben nach dem Tod die Glückseligkeit zu erlangen – gemäß Röm 8: »Durch die Hoffnung sind wir gerettet« – oder weil sie auf irgendeine Weise in einen Genuss des höchsten Gutes gelangt sind und somit eine Teilhabe an der Glückseligkeit besitzen.

Zu 2.) Eine Teilhabe an der Glückseligkeit kann man auf zwei Arten als unvollkommen bezeichnen. Zum einen in Hinblick auf den Gegenstand, also die Glückseligkeit selbst. Das erscheint freilich aufgrund ihres Wesens unsinnig, denn eine solche Unvollkommenheit würde die wahre Glückseligkeit ihrer Bedeutung berauben.

Zum anderen kann man eine Unvollkommenheit auf Seiten des Teilhabenden meinen, insofern dieser zwar mit dem Gegenstand der Glückseligkeit, nämlich Gott, irgendwie verbunden ist, aber im Vergleich dazu, wie Gott mit sich selbst eins ist, auf eine unvollkommene Weise. Wenn man nun Unvollkommenheit in diesem Sinne versteht, widerspricht das zwar der Bedeutung von Glückseligkeit nicht. Doch dieses Verständnis trifft nicht die Bedeutung von Glückseligkeit im engeren Sinne. Denn die Glückseligkeit ist eine Tätigkeit. Vgl. *Sum. th.* II 1, Fr. 3, Art. 2: Die Glückseligkeit ist vollendetes Sein, Vollendetes aber muss in Aktualität existieren und damit gewirkt werden, d. h. eine Tätigkeit sein.

Aufgrund dessen ist der wahre Sinn der Glückseligkeit von ihrem Zielobjekt herzuleiten, das der Tätigkeit ihre Art zuweist, und nicht von demjenigen, der diese Tätigkeit ausführt.

Zu 3.) Dass es in diesem Leben eine Art Glückseligkeit gebe, nehmen einige Menschen an, weil es Dinge gibt, die auf irgendeine Weise eine gewisse Ähnlichkeit mit der wahren Glückseligkeit aufweisen. Und so gesehen irren sie sich in ihrer Einschätzung nicht völlig.

DIE GNADE GOTTES UND DAS EWIGE LEBEN

1.) **Scheinbar** kann sich der Mensch das ewige Leben ohne die Gnade verdienen. Denn der Herr sagt in Matth 19: »Wenn du das ewige Leben gewinnen willst, halte die Gebote.« Demnach liegt es anscheinend nur im Willen des Menschen begründet, in das ewige Leben einzugehen. Aber das, was in unserem Willen begründet ist, vermögen wir durch uns selbst. Der Mensch scheint sich das ewige Leben also aus eigener Kraft zu verdienen.

2.) **Außerdem** ist das ewige Leben die Vergeltung oder der Lohn, den die Menschen von Gott erhalten. So heißt es in Matth 5: »Euer Lohn im Himmel wird groß sein.« Aber den Lohn oder die Vergeltung erhält der Mensch entsprechend seiner Werke von Gott, gemäß Psalm 62: »Du wirst jedem nach seinen Taten vergelten.« Da der Mensch also Herr über seine Werke ist, liegt es anscheinend in seiner Macht begründet, ins ewige Leben zu gelangen.

3.) **Außerdem** ist das ewige Leben das letzte Ziel des menschlichen Lebens. Aber jedes natürliche Ding kann sein Ziel durch die Mittel erlangen, die ihm von Natur aus verliehen sind. Umso mehr kann demnach der Mensch, der von einer höheren Natur ist, durch das, was ihm von der Natur mitgegeben ist, zum ewigen Leben gelangen, und zwar ohne irgendeine Gnade.

Aber der Apostel sagt in Röm 6: »Die Gnade Gottes ist das ewige Leben.« Das merkt er an, wie die Glosse zur Stelle vermerkt, »damit wir verstehen, dass Gott uns kraft seines Erbarmens zum ewigen Leben führt.«

Ich antworte: Handlungen, die zu einem Ziel hinführen, müssen mit diesem Ziel korrespondieren. Keine Handlung aber geht über die Möglichkeiten der handelnden Grundlage hinaus. Und daher stellen wir bei den natürlichen Dingen fest, dass keines durch seine Tätigkeit Wirkungen erzeugen kann, die seine ausübende Kraft übersteigen. Vielmehr kann jedes durch seine Tätigkeit nur Wirkungen hervorbringen, die seiner Kraft entsprechend sind. Das ewige Leben ist nun aber ein Ziel, das über die Möglichkeiten der menschlichen Natur hinausgeht. Daher kann der Mensch durch die ihm von Natur aus verliehenen Mittel keinerlei Werke vollbringen, deren Verdienst für das ewige Leben ausreichen würde. Dafür ist vielmehr eine stärkere Kraft erforderlich, nämlich die Kraft der Gnade. Daher kann sich der Mensch ohne die Gnade das ewige Leben nicht verdienen. Allerdings kann er Werke vollbringen, die zu Gutem von der Art hinführen, wie es dem Menschen naturgemäß ist, indem er beispielsweise auf dem Feld arbeitet, trinkt, isst, Freundschaften pflegt und anderes in dieser Art, wie Augustinus in der dritten Antwort von *Gegen die Pelagianer* sagt.

Also zu 1.) Werke, die mit Blick auf das ewige Leben verdienstvoll sind, tut der Mensch aus seinem Willen heraus. Wie Augustinus aber im erwähnten Buch sagt, ist es dazu erforderlich, dass der Wille des Menschen von Gott durch die Gnade unterstützt wird.

Zu 2.) Ausgehend von »Die Gnade Gottes ist das ewige Leben« in Röm 6 legt die Glosse zur Stelle dar: »Es ist gewiss, dass das ewige Leben für gute Werke verliehen wird, dass aber diese Werke ihrerseits die Gnade Gottes erfordern.« Denn um die Weisungen des Gesetzes in gebührendem Maß zu erfüllen, wodurch ihre Umsetzung erst verdienstvoll wird, bedarf es der Gnade.

Zu 3.) Dieser Einwand geht von einem Ziel aus, das dem Menschen artverwandt ist. Die menschliche Natur aber kann aufgrund ihrer Erhabenheit zu einem höheren Ziel hingeführt werden – freilich mit der Hilfe der Gnade –, als es die niedereren Naturen auf irgendeine Weise erreichen könnten; so wie derjenige Mensch, der seine Gesundheit mit medizinischer Unterstützung pflegt, eine bessere körperliche Verfassung erreichen kann als jemand, der sich in keiner Weise darum kümmert, wie Aristoteles in *De caelo* 2 darlegt.

1.) **Scheinbar** ist es nicht für alle heilsnotwendig, in aller Deutlichkeit an das Mysterium Christi zu glauben. Der Mensch ist nämlich nicht gehalten, ausdrücklich etwas zu glauben, das den Engeln unbekannt ist. Denn die Verkündung des Glaubens erfolgt durch göttliche Offenbarung, wobei die Engel gegenüber den Menschen als Mittler fungieren. Aber auch den Engeln war das Mysterium der Menschwerdung unbekannt, weshalb sie in den Psalmen [Psalm 24] fragten: »Wer ist der König der Herrlichkeit?«, und in Jes 63: »Wer ist er, der aus Edom kommt?«, wie Dionysios im 7. Kapitel von *De caelesti hierarchia* darlegt. Also sind die Menschen nicht gehalten, ausdrücklich an das Mysterium der Menschwerdung zu glauben.

2.) **Außerdem** steht fest, dass der heilige Johannes, der Täufer, einer der ehrwürdigsten Menschen gewesen ist – und Christus am nächsten. Denn über ihn sagt der Herr in Matth 11: »Unter allen Menschen hat es keinen größeren gegeben als ihn«. Aber Johannes der Täufer scheint das Mysterium Christi nicht ausdrücklich gekannt zu haben, denn er erkundigt sich bei Christus: »Bist du der, der kommen soll, oder müssen wir auf einen anderen warten?«, wie es in Matth 11 steht. Also brauchten auch die Größten nicht ausdrücklich an Christus zu glauben.

3.) **Außerdem** haben viele Heiden durch den Dienst der Engel das Heil erlangt, wie Dionysios im 9. Kapitel von *De caelesti hierarchia* erklärt. Doch wie es scheint, besaßen die Heiden keinerlei Glauben an Christus, weder einen ausdrücklichen noch einen indirekten, denn ihnen wurde die Offenbarung nicht zuteil. Also ist es anscheinend nicht für alle Menschen heilsnotwendig gewesen, ausdrücklich an das Mysterium Christi zu glauben.

Aber Augustinus sagt in *De correptione et gratia:* »Dieser Glaube führt zum Heil, nach dem wir für wahr halten, dass kein Mensch, ob alt oder jung, von der Macht des Todes und der Schuld der Sünde befreit wird, außer durch den einen Mittler Gottes und Menschen Jesus Christus.«

Ich antworte: Insbesondere und wesentlich gehört dasjenige zum Gegenstand des Glaubens, wodurch der Mensch die Glückseligkeit erreicht. Der Weg für die Menschen, um zur Glückseligkeit zu gelangen, ist nun aber das Mysterium der Menschwerdung und der Leiden Christi. Denn es heißt in Apg 4: »Uns Menschen ist kein anderer Name gegeben, durch den wir gerettet werden sollen.« Und daher hat das Mysterium der Menschwerdung Christi zu jeder Zeit von allen in irgendeiner Form geglaubt werden sollen, wenngleich in unterschiedlicher Weise, der Verschiedenheit der Zeiten und Personen entsprechend. Denn vor dem Sündenfall besaß der Mensch den ausdrücklichen Glauben an die Menschwerdung Christi insofern, als dass ihr Zweck in der Vollendung der Gnade besteht – nicht aber insofern, als dass ihr Zweck in der Erlösung von der Sündenschuld durch Leiden und Auferstehung besteht. Denn der Mensch konnte vom kommenden Sündenfall nicht im Voraus wissen. Die Menschwerdung Christi scheint er jedoch vorhergewusst zu haben, denn in Gen 2 steht: »Deswegen verlässt der Mann Vater und Mutter und bindet sich an seine Frau.« Und hinsichtlich dieser Formulierung erklärt der Apostel in Eph 5, dass »dies ein großes Mysterium ist, das sich auf Christus und die Kirche bezieht«. Es ist freilich nicht glaubhaft, dass dieses Geheimnis dem ersten Menschen unbekannt gewesen sein sollte. Nach dem Sündenfall hingegen ist das Mysterium Christi nicht nur in Bezug auf die Menschwerdung ausdrücklicher Glaubensinhalt gewesen, sondern auch in Hinsicht auf Leiden und Auferstehung, welche das menschliche Geschlecht von Sünde und Tod befreien. Denn sonst hätte man nicht mit gewissen Opfern die Passion Christi angedeutet, sowohl vor der Verkündung des Gesetzes als auch danach. Die Bedeutung dieser Opfer kannten die Erhabensten dabei ausdrücklich, die Minderen hingegen besaßen unter dem Mantel dieser Opfer eine gewissermaßen verhüllte Erkenntnis – auch wenn sie daran glaubten, dass diese von Gott mit Blick auf den kommenden Christus angeordnet seien. Und das, was die Mysterien Christi betrifft, erkannten sie umso genauer, je näher sie Christus zeitlich gekommen sind. Seit der Enthüllung der Gnade aber sind sowohl die Größten wie auch die Niedersten gehalten, ausdrücklich an die Mysterien Christi zu glauben. Besonders in Bezug darauf, was in der Gemeinschaft der Kirche gefeiert und öffentlich verkündet wird, so zum Beispiel die Glaubensartikel von der Menschwerdung Christi. Weitere, tiefer gehende Anschauungen bezüglich der Glaubensartikel von der Fleischwerdung ist man hingegen teils mehr, teils weniger gehalten ausdrücklich zu glauben – je nachdem, was dem Stand und dem Amt des Einzelnen zukommt.

Also zu 1.) »Den Engeln ist das Geheimnis der Herrschaft Gottes nicht zur Gänze verborgen geblieben«, wie Augustinus in *Super Genesim ad litteram* 5 sagt. Einige Inhalte dieses Mysteriums erkannten sie jedoch erst vollkommener, als Christus sie offenbart hat.

Zu 2.) Johannes der Täufer hat nach der Menschwerdung Christi nicht in einer Weise gefragt, als sei sie ihm unbekannt. Er selbst hat ausdrücklich mit seinen Worten bekannt: »Ich weiß und lege Zeugnis ab, dass er der Sohn Gottes ist«, wie es in Joh 1 steht. Deshalb hat er nicht gefragt: »Bist du der, der gekommen ist?« Sondern: »Bist du der, der kommen soll?« In seiner Frage bezog er sich also auf die Zukunft, nicht auf die Vergangenheit. Ebensowenig darf man glauben, ihm sei unbekannt gewesen, dass Christus um seiner Passion willen gekommen war. Denn Johannes hat selbst gesagt: »Seht das Lamm Gottes, das die Sünden der Welt hinwegnimmt«, und damit kündigte er dessen bevorstehendes Opfer an; zudem hatten dies vor ihm schon andere Propheten verkündet, wie besonders aus Jes 53 hervorgeht. Daher kann man mit den Worten Gregors zusammenfassend sagen, dass Johannes sich bei seiner Frage unsicher darüber war, ob Christus selbst in die Hölle hinabsteigen werde. Johannes wusste aber, dass sich das göttliche Wirken der Passion Christi bis zu den im Reich des Todes gefangenen Seelen ausdehnen musste, gemäß Sacharja 9: »Um des Blutes deines Bundes willen hast du auch die Gefangenen aus der wasserlosen Zisterne freigelassen.« Aber bevor sich das erfüllt hatte, war Johannes nicht gehalten, ausdrücklich zu glauben, dass Christus wirklich selbst hinabsteigen müsste. Man kann auch mit Ambrosius auf der Grundlage des Lukasevangeliums sagen, dass Johannes nicht aus Zweifel oder Unwissenheit gefragt hat, sondern vielmehr aus Frömmigkeit. Oder man kann mit Chrysostomos die Ansicht vertreten, dass er nicht aus eigener Unkenntnis gefragt hat, sondern damit seine Jünger durch Christus hinlänglich Aufschluss erhielten. Demnach antwortet auch Christus zur Unterweisung der Jünger, wenn er ihnen als Antwort die von ihm gewirkten Zeichen nennt.

Zu 3.) Zahlreichen Heiden ist die Offenbarung Christi zuteil geworden, wie aus ihren Prophezeiungen klar hervorgeht. Denn in Hiob 19 heißt es: »Ich weiß, dass mein Erlöser lebt.« Auch die Sibylle hat vielerlei über Christus vorhergesagt, wie Augustinus vermerkt. Und in der römischen Geschichtsschreibung stößt man auf den Bericht, dass zur Zeit Kaiser Konstantins und seiner Mutter Irene ein Grab entdeckt wurde, in dem ein Leichnam mit einer goldenen Platte in der Brust lag, und auf dieser stand geschrieben: »Christus wird von einer Jungfrau geboren werden, und ich glaube an ihn. O Sonne!, zur Zeit Irenes und Konstantins wirst du mich wiedersehen.« Wenn jedoch einige gerettet worden sind, denen die Offenbarung nicht zuteil geworden war, sind sie nicht ohne den Glauben an den Mittler gerettet worden. Denn auch wenn sie keinen ausdrücklichen Glauben besaßen, so glaubten sie doch indirekt an die göttliche Vorsehung, da sie bekannten, dass Gott der Erlöser der Menschheit ist – nach der Art, die ihm gefällig ist, und anhand dessen, was er selbst einigen offenbart hatte, die die Wahrheit kennen lernten. Und so heißt es in Hiob 35: »Er unterweist uns mehr als die Tiere der Erde.«

ICH BETE ZU DIR IN DEMUT

Ich bete zu dir, Gottheit, verborgene, in Demut,
die in diesen Formen du wahrhaft dich verbirgst.
Dir ist unterworfen ganz und gar mein Herz,
weil bei deinem Anblick es gänzlich Kleinmut wird.

Augen, Mund und Hände täuschen sich bei dir,
zuverlässig glauben kann das Hören nur.
Was Gottes Sohn gesagt hat, das alles glaube ich,
nichts kann gewisser sein als sein Wort der Wahrheit.

Am Kreuz verborgen war nur deine Göttlichkeit,
aber hier verhüllt ist auch deine Menschlichkeit.
Beides wahrhaft glaubend und zugleich bekennend,
erbitte ich, worum der Räuber reuig bat.

Deine Male sehe ich, wie einst Thomas, nicht,
dich als meinen Gott bekenne dennoch ich.
Lass mich an dich glauben, mehr und immer mehr,
auf dich Hoffnung hegen, vollendet lieben dich.

O Zeichen des Gedenkens an den Tod des Herrn,
Brot, das selbst lebendig ist und Leben schenkt.
Schenke mir die Gnade, in Ewigkeit zu leben,
und von deinen Wonnen zu kosten immerfort.

O Pelikan so duldsam, Jesus unser Herr,
mich Befleckten reinige du in deinem Blut.
Davon kann ein Tropfen, schon ein einziger
die ganze Welt erlösen von aller Sündenschuld.

Jesus, jetzt erblicke ich dich nur verhüllt,
ich bete, lass geschehen, was meinen Hunger stillt:
Dass ich schauen kann dein Antlitz ohne Schleier,
selig bin vom Anblick göttlicher Herrlichkeit.

Anm. d. Hrsg.: Dieser Hymnus zu Fronleichnam feiert die verborgene Gegenwart Gottes in der geweihten Hostie. Der Pelikan in der 6. Strophe bezieht sich dabei auf einen Volksglauben, demzufolge dieser Vogel seine Jungen mit seinem eigenen Blut nährt.

NACHWORT

»Wenn ein Mann auf den baumreichen Ida kommt, um Holz zu fällen, blickt er suchend umher, wo er mit der Arbeit – so reichlich ist sie vorhanden – beginnen soll. Was soll ich als Erstes vortragen?« Die Problematik, mit der der griechische Dichter Theokrit sein Loblied auf den alexandrinischen Herrscher Ptolemaios II. anstimmt, stellt sich auch dann ein, wenn es gilt, Leben und Werk des heiligen Thomas von Aquin darzustellen. Denn der Aquinat, wie er auch genannt wird, ist einer der wirkungsmächtigsten Kirchenlehrer, zählt zu den bedeutendsten Vertretern der hochmittelalterlichen Scholastik und gilt als einer der größten Theologen und Philosophen schlechthin.

Thomas von Aquin (*1225/1227 bei Aquino; † 7. März 1274 in Fossanova, beides Italien) war fast zeitlebens, nämlich seit seinem sechsten Lebensjahr, Mönch. Sein Vater, Herzog Landulf von Aquin, hatte ihn in das Benediktinerkloster von Monte Cassino gegeben, mit etwa zwanzig Jahren jedoch schloss Thomas sich aus innerer Überzeugung den Dominikanern an. Nicht viel später, 1248, begann er eine vierjährige Studienzeit bei Albertus Magnus in Köln, um anschließend seinerseits an verschiedenen Orten in vielfachen Lehrämtern zu fungieren. Unter anderem war er 1256–1259 Magister in Paris und 1261–1264 päpstlicher Theologe in Orvieto und Viterbo, bis ihm sein Orden 1272 schließlich die Lehrtätigkeit nach freiem Ermessen überließ. Kurz darauf jedoch erkrankte Thomas, der zeitlebens einfacher Bruder blieb und alle ihm angebotenen Kirchenämter ablehnte, an einem schweren Fieber, dessen Folgen ihm 1274 den Tod brachten. Keine fünfzig Jahre später wurde der Aquinat 1323 durch Papst Johannes XXII. heilig gesprochen.

Thomas' Werk bildet in der katholischen Kirche nach wie vor die offizielle Grundlage der christlichen Philosophie. Und seine Arbeit beeindruckt schon bei oberflächlicher Betrachtung, vor jeder inhaltlichen Auseinandersetzung, durch ihren schieren Umfang. Nach einem Vermerk seines Hauptsekretärs Rainald von Piperno hat Thomas, um die Textmengen seiner Werke überhaupt zur Niederschrift bringen zu können, stets drei oder vier Sekretären parallel diktiert. Dabei entspricht, wie die Wirkungsgeschichte seiner Lehren belegt, das innere Gewicht seiner Abhandlungen ihrem äußeren Umfang.

Zu den wichtigsten Schriften des Aquinaten zählen die beiden jeweils mehrbändigen, systematischen Abhandlungen *Summa theologiae* (*Summe der Theologie*, verfasst 1266–72) und *Summa contra gentiles* (*Summe gegen die Heiden*, 1259–64) sowie die analytischen Grundlagenschriften *De ente et essentia* (*Vom Sein und Wesen*, 1253–56) und *De veritate* (*Über die Wahrheit*, 1256–59).

Des Weiteren verfasste Thomas mehrere umfassende Kommentare: einerseits zu den maßgeblichen Philosophen der Antike wie etwa Aristoteles (allein die Anmerkungen zur *Metaphysik* umfassen mehr als 500.000 Wörter), andererseits zu verschiedenen Büchern des Alten und Neuen Testaments. Neben seiner wissenschaftlichen Arbeit hat Thomas allerdings auch meditative Texte verfasst; zu ihnen zählen etwa die auf Bitten Papst Urbans IV. entstandenen Hymnen zu Fronleichnam, die auch im aktuellen katholischen Gotteslob enthalten sind (Nr. 541–546).

Thomas' bedeutendste intellektuelle Leistung – um im Rahmen des hier Möglichen zu bleiben – besteht dabei in der systematischen Aufhebung vermeintlicher Widersprüche zwischen klassischer Philosophie und christlicher Theologie, deren wissenschaftlichen Charakter er endgültig und in maßgeblicher Weise gefestigt hat.

Zum einen basieren seine logischen Schlüsse auf den Werken aller zeitgenössisch relevanten Philosophen: Zu diesen zählen insbesondere Aristoteles (384–322 v. Chr.) und die auf dessen Lehre aufbauenden Gelehrten, etwa der spätantike Boethius (480–527), der persische Denker Avicenna (Ibn Sina, 980–1037), der jüdische Philosoph Avicebron (Ibn Gebirol, ca. 1020–1070) und der große arabische Peripatetiker Averroes (Ibn Roschd, 1126–1198). Zum anderen bildete die christliche Lehre die Grundlage aller Ausführungen des Aquinaten, wobei die Erörterungen des Kirchenvaters Augustinus (354 bis 430) wegweisende Wirkung für das gesamte Mittelalter gezeigt hatten und von Thomas immer wieder mit einbezogen werden. Mit der Synthese dieser zwei scheinbar unvereinbaren Gedankenwelten gelingt Thomas von Aquin eine Darlegung, in der die christlichen Glaubensinhalte die Aussagen der Philosophie ergänzen und damit vervollkommnen.

ZUR TEXTAUSWAHL

Die hier gebotenen Passagen aus Thomas' Werk orientieren sich daran, zunächst auch den scholastisch ›unbelasteten‹ Leser mit hilfreichen Begrifflichkeiten auszustatten, um sich dann querschnittartig wesentlichen Fragestellungen des Aquinaten zu widmen. Dazu sind die entsprechenden Abschnitte aus *De ente et essentia* und *Summa theologiae* als Exzerpte vereint. Auf einzelne Fachbegriffe, so genannte *termini technici*, konnte indes nicht verzichtet werden, da eben nur diese den gewünschten Inhalt mit der erforderlichen Genauigkeit vermitteln können.

Sofern die einzelnen Passagen bestimmte Inhalte aus nicht in diesem Band enthaltenen Abschnitten voraussetzen, werden diese durch knappe Ergänzungen im Text vermittelt. An folgenden Stellen sind andererseits untergeordnete Aspekte ausgespart worden, da diese umfangreicher Erläuterungen bedurft hätten: Es handelt sich um das jeweils zweite Argument in den Kapiteln »Lässt sich Gott benennen«, »Der Gott im höchsten Maße eigene Name«, »Die Gültigkeit der Weltordnung«, »Die Auswirkungen der Erbsünde« und »Unterschiedliche Schwere der Schuld«, wo aus demselben Grund das 3. Argument entfallen ist.

Den Schlusspunkt dieses Auswahlbandes bildet, als kleines Gegengewicht zu den argumentativ geprägten Abhandlungen, der Hymnus »Ich bete zu dir in Demut« (»Adoro te devote«), in dem sich die gläubige Ergriffenheit des Aquinaten erkennen lässt.

QUELLENNACHWEISE

S. 8	*Ente et ess.* Vorwort
S. 8–10	*Ente et ess.* I
S. 11–13	*Ente et ess.* IV; V
S. 16–17	*Ente et ess.* V
S. 18–19	*Sum. th.* I, Fr. 1, Art. 2
S. 20–23	*Sum. th.* I, Fr. 2, Art. 1
S. 24–29	*Sum. th.* I, Fr. 2, Art. 3
S. 30–32	*Sum. th.* I, Fr. 3, Art. 4
S. 33–35	*Sum. th.* I, Fr. 13, Art. 1
S. 36–38	*Sum. th.* I, Fr. 13, Art. 11
S. 39–41	*Sum. th.* I, Fr. 20, Art. 2
S. 42–43	*Sum. th.* I, Fr. 21, Art. 3
S. 44–46	*Sum. th.* I, Fr. 105, Art. 4
S. 48–51	*Sum. th.* I, Fr. 75, Art. 1
S. 52–54	*Sum. th.* I, Fr. 83, Art. 1
S. 55–56	*Sum. th.* I, Fr. 103, Art. 8
S. 57–60	*Sum. th.* II a, Fr. 80, Art. 1
S. 61–63	*Sum. th.* II a, Fr. 85, Art. 5
S. 64–66	*Sum. th.* II a, Fr. 88, Art. 1
S. 68–70	*Sum. th.* II a, Fr. 106, Art. 2
S. 71–73	*Sum. th.* II a, Fr. 62, Art. 3
S. 74–75	*Sum. th.* II b, Fr. 4, Art. 3
S. 76–79	*Sum. th.* II a, Fr. 5, Art. 3
S. 80–82	*Sum. th.* II a, Fr. 109, Art. 5
S. 83–87	*Sum. th.* II b, Fr. 2, Art. 7